MANUAL DE ACTIVIDADES
QUE ACOMPAÑA

Nuestro idioma, nuestra herencia

Español para hispanohablantes

Heidi Ann García

Carmen Carney
Thunderbird School of Global Management

Trino Sandoval
Phoenix College

The McGraw·Hill Companies

Mc Graw Hill) Connect Learn Succeed™

Published by McGraw-Hill, an imprint of The McGraw-Hill Companies, Inc., 1221 Avenue of the Americas, New York, NY 10020.

This book is printed on acid-free paper.

1 2 3 4 5 6 7 8 9 0 WDQ/WDQ 0

ISBN: 978-0-07-723712-7
MHID: 0-07-723712-9

Vice President, Editorial: *Michael Ryan*
Editorial Director: *William R. Glass*
Executive Marketing Manager: *Stacy Best Ruel*
Marketing Manager: *Jorge Arbujas*
Director of Development: *Scott Tinetti*
Developmental Editor: *Janina Tunac Basey*
Editorial Coordinators: *Margaret Young, Laura Chiriboga*
Production Editor: *Holly Paulsen*
Manuscript Editor: *Danielle Havens*
Cover Designer: *Laurie Entringer*
Production Supervisor: *Louis Swaim*
Composition: *10/12 Palatino by Aptara®, Inc.*
Printing: *50# Huskey Offset Smooth, Worldcolor*
Cover: Ronnie Kaufman/Larry Hirshowitz/Getty Images

Índice

Preface

Divided into seven distinct sections—**Vocabulario, Ortografía, Gramática, Nuestro idioma, Escritura, Así se dice,** and **Para terminar**—this **Manual de actividades** works in conjunction with the main text and serves to provide the student with additional individual practice.

The ultimate goal of the **Vocabulario** section is to help students build their vocabulary. The target words are taken directly from the **Introducción, Lecturas culturales** and/or **Negocios** readings in the corresponding chapter of the main text. This section provides students with ample and diverse opportunities for vocabulary expansion by way of three different types of vocabulary-building exercises —matching words with their antonyms, completing sentences by selecting from multiple options, and substituting target words for their synonyms.

Both the **Ortografía** and **Gramática** sections furnish additional practice with the orthography and grammar points presented in the textbook.

Nuestro idioma allows students to practice some of the words that have been derived and borrowed from the languages presented in the corresponding section of the main text (Taino, Nahuatl, Greek, Visigoth, Quechua, Guarani, Arabic, and English). In this section, students match words with their definitions and complete sentences with the appropriate words based on context clues. Students make associations with some of the target words. They also look up definitions of other derived or borrowed words, then write the definitions in their own words. These activities provide students with additional opportunities to expand their vocabulary beyond what they would be able to do in a traditional classroom.

The **Escritura** section provides additional practice with the various writing techniques presented in the main text, such as comparison and contrast, the expository essay, and the argumentative essay.

The **Así se dice** section of each chapter covers nonstandard forms of the language, cognates, false cognates, and loan words based on a given theme, such as **en la oficina, en casa,** and **en los deportes.** In this section, words and phrases in standard Spanish (formal) are juxtaposed to their equivalents in nonstandard forms of the language (informal), thereby highlighting differences in register. Students are also presented with true and false cognates in English and Spanish as well as standard, accepted words borrowed from English. The two activities in this section are translation activities, which force students to think about the subtleties of both languages and thus refine their translation skills.

Para terminar is a brief culminating writing activity in which students write a paragraph about three things they did not know before reading the corresponding chapter of the main text.

An answer key—**Respuestas a los ejercicios**—is provided in the back of the **Manual** so that students can check their own work and learn from their errors. The symbol ❖ before sections or activities indicates that there are no answers provided for them in the answer key. Specifically, it appears next to the **Escritura** and **Para terminar** sections, which are open-ended writing activities, as well as next to some additional activities.

Prefacio

Este **Manual de actividades,** dividido en siete secciones diferentes —**Vocabulario, Ortografía, Gramática, Nuestro idioma, Escritura, Así se dice** y **Para terminar**— se ha diseñado para usarse conjuntamente con el libro de texto, y tiene como propósito proveer al estudiante de práctica complementaria.

El objetivo de la sección de **Vocabulario** es de ayudar a los estudiantes a formar su vocabulario. Las palabras que son objeto de estudio se han tomado directamente de la **Introducción,** de las **Lecturas culturales** o de las lecturas de **Negocios** que se presentan en el capítulo correspondiente en el libro de texto. Esta sección provee a los estudiantes de amplias y diversas oportunidades para aumentar su vocabulario por medio de tres tipos diferentes de ejercicios diseñados con tal fin: emparejar palabras con sus antónimos, completar oraciones escogiendo entre varias opciones dadas y sustituir por sus sinónimos.

Las secciones de **Ortografía** y **Gramática** ofrecen práctica adicional relacionada con la ortografía y la gramática presentadas en el libro de texto.

Nuestro idioma les permite a los estudiantes poner en práctica algunas de las palabras —derivadas y préstamos— de las lenguas presentadas en la sección correspondiente del libro de texto (taíno, náhuatl, griego, visigodo, quechua, guaraní, árabe e inglés). En esta sección, los estudiantes emparejan las palabras con sus definiciones y con pistas contextuales completan oraciones con las palabras convenientes. En adición, los estudiantes forman asociaciones con algunas de las palabras derivadas y prestadas que se estudian y buscan otras en el diccionario antes de escribir en sus propias palabras las definiciones. Estas actividades proporcionan a los estudiantes otras oportunidades más para incrementar su vocabulario, más allá de lo que ellos podrían lograr en una clase tradicional de español.

La sección de **Escritura** suministra práctica suplementaria en cuanto a las varias técnicas de redacción presentadas en el libro de texto, técnicas como comparación y contraste, el ensayo expositivo y el ensayo argumentativo.

La sección de **Así se dice,** que se encuentra en cada capítulo del **Manual de actividades,** abarca las formas no estándares del español, cognados, cognados falsos y préstamos del inglés, todos basados en el tema dado, como **en la oficina, en casa** y **en los deportes.** En esta sección, palabras y frases en español estándar (formal) se yuxtaponen a sus equivalentes en variedades no estándares del español (informal), y así destacan las diferencias en registro. A los estudiantes también se les presentan cognados —verdaderos y falsos— en inglés y en español, así como palabras que son préstamos aceptados del inglés. Ambas actividades en esta sección consisten en traducir, lo cual obliga a los estudiantes a pensar en las sutilezas de ambas lenguas, y así refinan sus destrezas para traducir.

Como culminación, la sección de **Para terminar** presenta una breve actividad que consiste en que los estudiantes escriban un párrafo acerca de tres de las cosas que ellos no sabían antes de leer el capítulo correspondiente del libro de texto.

En las páginas posteriores de este **Manual** se encuentra **Repuestas a los ejercicios** que, como el título lo indica, es una clave para que los estudiantes puedan verificar su propio trabajo y aprender así de sus errores. Este símbolo ❖ aparece al lado de ciertas secciones y ejercicios e indica que no hay respuestas para estos en las **Respuestas a los ejercicios** al final del manual. Aparece específicamente al lado de las secciones de **Escritura** y **Para terminar,** ya que las dos contienen actividades de escritura abiertas. Además aparece al lado de ciertas actividades adicionales.

Capítulo 1

Vocabulario

A. Empareje las siguientes palabras con sus respectivos antónimos.

_____ 1. música jíbara   a. vecindario rico

_____ 2. arrabal   b. exclusión

     c. música urbana

_____ 3. propiciar   d. ocultar

     e. intolerancia

_____ 4. bajar   f. aburrimiento

     g. subir

_____ 5. moda pasajera   h. tradición

_____ 6. englobar   i. desprestigio

     j. dificultar

_____ 7. convivencia

_____ 8. manifestar

_____ 9. deleite

_____ 10. renombre

B. Trace un círculo alrededor de la letra que corresponda a la palabra o frase que mejor complete la oración.

1. El origen de la música popular del Caribe _____ la época colonial.
   a. se enseña en   b. no proviene de   c. se remonta a

2. En la música contemporánea del Caribe no quedan _____ significativos de las poblaciones autóctonas de la región.
   a. rasgos   b. instrumentos musicales   c. ritmos

3. La música popular bailable, la campesina y la seria son _____ musicales que todavía se escuchan.
   a. derivaciones   b. variantes   c. sincretismos

4. Algunos instrumentos musicales como _____, el tambor y las maracas son de origen indígena.
   a. el güiro   b. la guitarra   c. el laúd

(Continúa.)

5. La música caribeña se caracteriza por _____ cultural.
   a. la diversidad   b. el sincretismo   c. la homogeneidad

6. Los caribeños y otros grupos étnicos en Nueva York intercambian ideas debido a _____ que existe entre ellos.
   a. la diversidad   b. la convivencia   c. la inventiva

7. Los _____ franceses trajeron a Cuba influencias musicales que se mezclaron con las africanas y españolas.
   a. colonos   b. piratas   c. visitantes

8. La música latina se conoce en los Estados Unidos desde _____ de los años veinte.
   a. mediados   b. finales   c. el decenio

9. Desaparecieron las poblaciones _____ durante los primeros 100 años de la colonización española.
   a. primitivas   b. autóctonas   c. mayores

10. El hip hop cubano trata temas sociales y económicos que un cubano _____ enfrenta a diario.
    a. pobre   b. privilegiado   c. promedio

C. Escriba el sinónimo de la palabra subrayada en la línea en blanco. Use las palabras y frases a continuación y modifíquelas según sea necesario.

el aporte	el cimiento	englobar	llevar a cabo	propiciar
la cadencia	el deleite	el espectáculo	manifestar	el renombre

1. _____ Se enriqueció la salsa con <u>contribuciones</u> musicales de otros países.

2. _____ Muchos artistas lograron <u>fama</u> internacional a partir de la participación de Ricky Martin en los Premios Grammy.

3. _____ La música del Caribe <u>muestra</u> en sus composiciones la herencia colonial.

4. _____ Los jóvenes escuchan con <u>placer</u> los conciertos de música popular caribeña.

5. _____ Shakira realiza <u>presentaciones musicales</u> en los Estados Unidos.

6. _____ El joven, cuando baila, sigue <u>el ritmo</u> de la música.

7. _____ El son es <u>la base</u> de la salsa.

8. _____ Juan Luis Guerra va a <u>realizar</u> un concierto en Miami.

9. _____ Por la diversidad de su población, la ciudad de Nueva York <u>facilita</u> la integración de los artistas caribeños.

10. _____ La música caribeña <u>incluye</u> ritmos africanos, indígenas y europeos.

Ortografía

División de palabras en sílabas y reglas de acentuación

Primero, divida las siguientes palabras en sílabas. Segundo, subraye la sílaba tónica en cada una de las palabras. Por último, indique si la palabra es aguda, llana o esdrújula.

MODELO: tambor → tam-<u>bor</u>, aguda

1. música _____
2. coreografía _____
3. operador _____
4. danzante (*dancer*) _____
5. percusión _____
6. espectáculos _____
7. ritmo _____
8. rápido _____
9. vestuario (*wardrobe*) _____
10. parejas _____
11. sonidos _____
12. audiovisual _____
13. visualización _____
14. arreglo _____
15. direcciones _____
16. populares _____
17. rítmico _____
18. micrófono _____
19. batería (*drums*) _____
20. violoncelo (*cello*) _____

Diptongos, triptongos e hiatos

Primero, divida las siguientes palabras en sílabas. Luego, indique si cada una de las palabras contiene diptongo, triptongo o hiato.

MODELO: país → pa-ís, hiato

1. concierto _____
2. actúe _____
3. guía _____
4. cambiáis _____

(Continúa.)

5. ambiente _____

6. compañía _____

7. bailable _____

8. averigüéis _____

9. ciudad _____

10. leído _____

Monosílabos

Primero, ponga el acento ortográfico en las palabras subrayadas que lo necesiten. Luego, explique la función gramatical de cada palabra subrayada.

MODELO: <u>El</u> sabe que <u>el</u> concierto empieza a las 6:00 de la tarde. →

Él (pronombre de sujeto)

el (artículo definido masculino)

1. A <u>mi</u> me dieron tres discos compactos de <u>mi</u> artista favorito.

_____

_____

2. Luis quiere que le <u>de</u> lecciones <u>de</u> piano este verano.

_____

_____

3. ¿<u>Te</u> apetece tomar un <u>te</u> antes del recital?

_____

_____

4. Yo <u>se</u> muy bien que <u>se</u> les entregan los boletos en la ventanilla (*ticket window*).

_____

_____

5. Me dijeron que <u>tu</u> no estabas seguro de que la partitura (*sheet music*) para nuestro ensayo (*rehearsal*) estuviera en <u>tu</u> casa.

_____

_____

6. Juan José le trajo <u>el</u> instrumento a <u>el</u> pero no a ti.

_____

_____

7. Ana Luisa sabe tocar muy bien el piano, pero <u>aun</u> no ha dado un concierto en público.

_____

_____

8. <u>Si</u> me dice que <u>si</u>, la llevo al concierto de reggaetón.

   _____

   _____

9. El músico cubano <u>que</u> vino a la tienda me preguntó, «¿<u>que</u> tipo de música te gusta»?

   _____

   _____

10. Cuando mi primo fue a Guatemala quería comprar <u>mas</u> instrumentos musicales de viento para su colección, <u>mas</u> no le alcanzó el dinero y solamente compró uno.

   _____

   _____

Repaso

Ponga el acento ortográfico donde sea necesario.

El sabado pasado, despues de la estupenda fiesta de los recien casados, Ruben López y Estela Suarez, los amigos y algunos miembros de la familia decidieron continuar la celebracion en la discoteca caribeña llamada Un rincon en el cielo. Todos cantaron y bailaron merengue y salsa. Jovenes y viejos estuvieron despiertos hasta las 8:00 de la mañana. El hermano de la novia, que habia venido desde Asuncion, Paraguay, agradecio a todo el mundo por asistir a la boda y anuncio su proximo matrimonio con su novia. Todos aplaudieron y se fueron de la fiesta en espera de la proxima boda.

Gramática

La oración

A. Identifique el sujeto y el predicado en las siguientes oraciones.

> MODELO: La música latina es muy popular en los Estados Unidos. →
> *sujeto*: *La música latina*
> *predicado*: *es muy popular en los Estados Unidos.*

1. El bolero es un ritmo con marcado acento sentimental y romántico.

   sujeto: _____

   predicado: _____

2. El compás de la salsa se reconoce fácilmente por los movimientos corporales (*body*) rápidos.

   sujeto: _____

   predicado: _____

3. Algunos de los instrumentos musicales de percusión son el tambor, la conga y el timbal.

   sujeto: _____

   predicado: _____

(*Continúa.*)

4. La plena, en sus orígenes, funcionaba como un periódico de barrio.

sujeto: _____

predicado: _____

5. En 1970 surge el género la Nueva Trova.

sujeto: _____

predicado: _____

6. La población hispana de los Estados Unidos les garantiza a los artistas latinoamericanos la expansión de su mercado más allá de sus naciones.

sujeto: _____

predicado: _____

7. Juan Luis Guerra nació y se crió en la República Dominicana.

sujeto: _____

predicado: _____

8. Las ventas de álbumes de la música latina en los Estados Unidos han aumentado mucho en los últimos diez años.

sujeto: _____

predicado: _____

9. La música de Selena se convirtió en un fenómeno de ventas en los Estados Unidos.

sujeto: _____

predicado: _____

10. El álbum *Supernatural* de Santana llegó a ser el más escuchado en el año 2000.

sujeto: _____

predicado: _____

❖ B. Combine una frase de cada una de las siguientes tres columnas para formar por lo menos siete oraciones completas. Use como mínimo siete sujetos y verbos distintos. ¡ojo! Preste atención a la concordancia de género y número.

yo	bailar	en Puerto Rico
tú	cantar	en una discoteca famosa
el grupo musical	comprar	tipos de música bailable
Juan Luis Guerra	estar	importante en los Estados Unidos
Ud.	grabar discos	por todo el mundo
nosotros/as	hacer vídeos	salsa
la bachata y el merengue	presentar(se)	muy bien
jóvenes raperos	ser	CDs
Uds.	tocar música	en inglés y en español

_____

_____

_____

_____

_____

_____

_____

_____

_____

_____

Nuestro idioma

Palabras en español de origen taíno

A. Escriba la letra que corresponda a la palabra de origen taíno que se define.

1. _____ reptil parecido al cocodrilo, pero más pequeño, que se puede encontrar en los ríos de Sudamérica
   a. el coquí   b. el caimán   c. la iguana   d. el carey

2. _____ fruta tropical grande, hueca y de forma oblonga; la enzima que se extrae de ella se puede usar para ablandar (*tenderize*) la carne
   a. la batata   b. la guayaba   c. la papaya   d. la canoa

3. _____ nombre con que se conoce una especie de cangrejos del Caribe
   a. la jaiba   b. la guanábana   c. la hamaca   d. el tabaco

4. _____ pájaro pequeño y de plumaje brillante que bebe el néctar de las flores
   a. el tabaco   b. el coquí   c. la piragua   d. el colibrí

5. _____ jefe de una comunidad amerindia del Caribe, Centroamérica o Sudamérica
   a. el boricua   b. el güiro   c. el guajiro   d. el cacique

B. Escriba la palabra apropiada en el espacio en blanco según el contexto de cada oración. ¡OJO! No se repiten las palabras.

batata	coquí	huracán
boricua	guayaba	iguana
carey	hamaca	piraguas

1. Al caminar por la playa, vimos nidos (*nests*) de varias tortugas marinas, pero los del

   _____ eran los más grandes.

2. Cancelaron el concierto que iba a dar Juan Luis Guerra en Miami porque se pronosticó que un

   _____ azotaría (*would hit*) esa ciudad.

(Continúa.)

3. En el Caribe es común ver distintos tipos de barcos como _____, canoas y lanchas.

4. A veces me apetece algo dulce y preparo una _____ al horno en vez de una papa para la cena.

5. Elenor no pudo dormir esa primera noche en Puerto Rico a causa del canto del _____, una rana diminuta (pequeña) pero vociferante.

❖ C. Escriba tres palabras asociadas con cada una de las siguientes palabras de origen taíno.

   MODELO: el colibrí → pájaro, diminuto, néctar

   1. la piragua _____

   2. el Caribe _____

   3. la hamaca _____

   4. la canoa _____

❖ D. Busque las definiciones de tres de las palabras de origen taíno que siguen. Luego escriba las definiciones en sus propias palabras en los espacios en blanco.

   el/la boricua   la guayaba   la iguana
   la guanábana   el güiro   el tabaco

   1. _____

   _____

   2. _____

   _____

   3. _____

   _____

❖ Escritura

La descripción

Repase **La descripción** en la sección **Escritura** del **Capítulo 1** del libro de texto. Luego en hoja aparte, escriba una descripción de por lo menos 75 palabras de su género musical preferido. Describa sus distintos rasgos y cualidades con sustantivos y modificadores descriptivos. ¡OJO! Preste atención a la concordancia de género y número en su composición.

Comparación y contraste

Repase **Comparación y contraste** en la sección **Escritura** del **Capítulo 1** del libro de texto. Luego, en hoja aparte, escriba una composición de por lo menos 75 palabras en la que compara y contrasta su género musical preferido con uno de los géneros musicales de la música del Caribe hispano. La composición debe contener lo siguiente: una introducción sobre el tema y en la que aparece la tesis, dos párrafos de comparación o de contraste que apoyen la tesis y una conclusión.

Así se dice

Formas no estándares del español

Todas las formas del español son válidas, pero existen variedades no estándares y regionales, es decir, aunque se usan en un lugar, se desconocen en otros. Existe este fenómeno en los Estados Unidos en donde se caracteriza por:

- palabras sueltas del inglés que se pronuncian según las reglas fonéticas del español. (Cuando dos idiomas están en contacto, como ocurre en este caso, es común que se introduzcan a uno palabras del otro.) Por ejemplo,

forma no estándar	inglés
lonche (en vez de **almuerzo**)	*lunch*
soda (en vez de **refresco**)	*soda*
troca (en vez de **camión**)	*truck*

- calcos semánticos —frases que se traducen directamente del inglés de forma inconsciente. Por ejemplo,

forma no estándar	inglés
Él va a correr para mayor. (en vez de **Él va a presentarse como candidato a alcalde.**)	*He is going to run for mayor.*
Te llamo para atrás. (en vez de **Te llamo más tarde.**)	*I'll call you back.*
Tengo que salvar dinero. (en vez de **Tengo que ahorrar dinero.**)	*I have to save money.*

Los cognados*

Las siguientes palabras son cognados del español y del inglés.

el instrumento = *instrument*

la música = *music*

puntual (*adj.*) = *punctual*

Los cognados falsos†

Las siguientes palabras son cognados falsos del inglés y del español.

actualmente ≠ *actually*

- actualmente = *currently*
- *actually* = en realidad; incluso

los parientes ≠ *parents*

- los parientes = *relatives*
- *parents* = los padres

realizar ≠ *to realize*

- realizar = *to accomplish, to achieve*
- *to realize* = darse cuenta (de)

---

*Los **cognados** son palabras de dos idiomas que son idénticas o parecidas en su forma y significado.
†Los **cognados falsos** son palabras de dos idiomas que, aunque se escriban de forma igual o parecida, tienen significados distintos.

Los préstamos*

Las siguientes palabras son ejemplos de préstamos del inglés que se introdujeron en el español. Es de notar que muchos préstamos del inglés están relacionados con ciertos campos léxicos como la tecnología, los negocios, los deportes, el cine y la música, entre otros.

el blog = *blog*

el filme = *film*

el hip hop = *hip hop*

el jazz = *jazz*

el marketing = *marketing*

el rugby = *rugby*

... en la oficina

inglés	español estándar	forma no estándar
application form	el formulario (la planilla, la solicitud)	la forma, la aplicación
lunch	el almuerzo	el lonche
seniority	la antigüedad	la senioridad
union	el sindicato	la unión
to apply for a job	postularse para un puesto, rellenar el formulario para un puesto	aplicar para un trabajo
to call back	llamar más tarde, devolver la llamada	llamar para atrás
to click (mouse)	hacer clic	cliquear
to have lunch	almorzar	comer el lonche
to order	pedir, hacer un pedido (de)	ordenar
to work (machine)	funcionar	trabajar

Cognados

el/la asistente	*assistant*
la carrera	*career*
el/la colega	*colleague*
la compañía	*company*
la computadora	*computer*
el director / la directora	*director*
el secretario / la secretaria	*secretary*

Cognados falsos

la advertencia ≠ *advertisement*

- la advertencia = *warning; advice; notice*
- *advertisement* = el anuncio

el aviso ≠ advice

- el aviso = *notice; warning*
- *advice* = los consejos, un consejo

---

*Los **préstamos** son palabras de origen extranjero que se introducen de manera oficial en otro idioma tal y como son o se adaptan según las reglas fonéticas del idioma en el que se introducen.

la carpeta ≠ *carpet*

- la carpeta = *folder*
- *carpet* = la alfombra, la moqueta

la carta ≠ *card*

- la carta = *letter*
- *card* = la tarjeta

introducir ≠ *to introduce* (people)

- introducir = *to introduce* (something into something else); *to place, to put*
- *to introduce* (people) = presentar

la posición ≠ *position* (*job*)

- la posición = *position* (location)
- *position* (job) = el puesto

Préstamos

el Internet	*the Internet*
el marketing	*marketing*

Práctica

A. Complete las oraciones con la información dada entre paréntesis.

1. La universidad ofrece talleres de cómo escribir _____ (*letters*) para apoyar una solicitud de trabajo a los estudiantes que se gradúan este semestre.

2. Por algún motivo mi computadora no está _____ (*working*) bien.

3. Los trabajadores de la oficina no pueden comer el _____ (*lunch*) todos a la misma hora.

4. La _____ (*folder*) estaba llena de formularios.

5. Los empleados recibieron un _____ (*notice*) que el ascensor estaría fuera de servicio hasta las 12:00.

6. El _____ (*position*) de supervisor de la oficina se lo dieron a la persona con más antigüedad en la compañía.

7. El nuevo procedimiento para pedir vacaciones es por medio de una _____ (*application*) dirigida a la gerente.

8. Mi colega recibió una seria _____ (*warning*) porque siempre llega tarde a su puesto.

9. Mi amigo Martín me _____ (*introduced*) a la directora de marketing de su empresa.

10. Tuvieron que _____ (*to order*) otra impresora para la oficina.

B. Traduzca las siguientes oraciones al español.

1. *The secretary received six applications for the new position.*

   _____

   _____

2. *Two applications were rejected because the applicants did not include a formal letter.*

   _____

   _____

3. *My friend applied for a new job in the marketing department at an Internet company.*

   _____

   _____

4. *The assistants prefer having lunch early.*

   _____

   _____

5. *Marta clicked on a link to an article about her company.*

   _____

   _____

6. *The custodians at my work vacuum the carpet every night.*

   _____

   _____

7. *Employees with seniority get better benefits.*

   _____

   _____

8. *The manager spent three hours returning her clients' calls.*

   _____

   _____

9. *The secretary ordered a new computer for each new employee.*

   _____

   _____

10. *The new IT director promised that there would be Internet access throughout the entire office, including the kitchen.*

    _____

    _____

Para terminar

Escriba un párrafo sobre tres de las cosas acerca de la música del Caribe hispano que Ud. no sabía antes de leer este capítulo, pero que ahora sí sabe.

_____

_____

_____

_____

_____

_____

_____

_____

_____

_____

_____

Capítulo 2

Vocabulario

A. Empareje las siguientes palabras con sus respectivos antónimos.

_____ 1. al azar

_____ 2. vínculo

_____ 3. proporciona

_____ 4. declive

_____ 5. abarcar

_____ 6. bélico

_____ 7. soberbio

_____ 8. ausencia

_____ 9. elogio

_____ 10. recobrar

a. subida
b. perder
c. humillación
d. separación
e. humilde
f. excluir
g. presencia
h. certeza
i. retira o quita
j. pacífico

B. Trace un círculo alrededor de la letra que corresponda a la palabra o frase que mejor complete la oración.

1. Se reconoce el cine mexicano por su _____ desarrollo del cine en español.
   a. falta del   b. destrucción del   c. aportación al

2. Entre los directores de cine más destacados a nivel internacional, _____ mexicanos.
   a. hay pocos   b. ya no se encuentran muchos c. se hallan varios

3. Durante los años 50 _____ la competencia entre las películas de Hollywood y las de México.
   a. empezó   b. se eliminó   c. se agudizó

4. La colaboración de productoras mexicanas, estadounidenses y europeas ponen de manifiesto _____ entre México, los Estados Unidos y Europa en la industria de cine.
   a. los vínculos   b. la dependencia   c. la historia

5. Muchos estudios no están dispuestos a aceptar _____ de los actores.
   a. regalos   b. las exigencias   c. llamadas telefónicas

(Continúa.)

6. A veces parece que algunos directores arriesgados escogen _____ los protagonistas para sus películas.
   a. el maquillaje de   b. al azar   c. por teléfono

7. Todos los años muchos actores y directores _____ los Premios Óscar.
   a. se disputan   b. comparten   c. devuelven

8. La industria del cine mexicano tuvo que _____ la maquinaria comercial del cine foráneo.
   a. hacer frente a   b. abrazar   c. contribuir a

9. _____ del Motion Picture Association of America provee datos positivos con respecto a la industria del cine como campo de empleo.
   a. Un informe   b. Un director   c. Una película

10. La industria del cine _____ diversos empleos a los hispanos.
   a. quita   b. no ofrece   c. proporciona

C. Escriba el sinónimo de la palabra subrayada en la línea en blanco. Use las palabras y frases a continuación y modifíquelas según sea necesario.

abarcar	la ausencia	el declive	foráneo/a	el respaldo
el auge	bélico/a	el elogio	involucrado/a	soberbio/a

1. _____ El período histórico de la película <u>cubre</u> tres siglos.

2. _____ La Época de Oro del cine mexicano tuvo su <u>apogeo</u> entre los años 30 y 50.

3. _____ Cuando las películas <u>extranjeras</u> entraron al mercado latinoamericano disminuyó la popularidad de las películas nacionales.

4. _____ Las compañías de cine norteamericanas estaban <u>envueltas</u> en unas campañas publicitarias muy agresivas.

5. _____ María Félix, la famosa actriz del cine mexicano, proyectaba la imagen de una persona <u>altanera</u>.

6. _____ Los directores de película mexicanos, Cuarón, González Iñárritu y del Toro, han recibido <u>alabanzas</u> mundialmente por sus creaciones cinematográficas.

7. _____ <u>La caída</u> de la asistencia del público a las salas de cine se debe en parte a la facilidad que hay ahora de ver las películas en casa.

8. _____ El joven director necesitaba <u>apoyo</u> de su familia mientras rodaba su primer largometraje.

9. _____ Tanto en el cine de ayer como en el de hoy prevalece una <u>falta</u> de películas dirigidas por mujeres.

10. _____ Las películas de los años 40 utilizaron la temática <u>de la guerra</u>.

Ortografía

La letra **h**

A. Corrija la ortografía de la palabra subrayada cuando sea necesario y escriba la forma correcta en la línea en blanco.

1. _____ En los festivales de cine se <u>acían</u> fiestas que duraban toda la noche.

2. _____ Muchos <u>umoristas</u> escriben para el cine.

3. _____ El director filmó muchas películas sobre la <u>istoria</u> de México.

4. _____ Son muchos los <u>echos</u> que no se conocen de la vida de los actores.

5. _____ El peor <u>error</u> de la actriz fue aceptar ese papel.

6. _____ <u>Ay</u> muchos estudiantes que quieren ser directores de cine.

7. _____ <u>Ace</u> mucho tiempo que no vamos al cine.

8. _____ Muchas películas de la Época de Oro del cine mexicano <u>an</u> desaparecido.

9. _____ No tomo refrescos con <u>ielo</u>.

10. _____ ¿Dónde se <u>allan</u> los mejores estudios cinematográficos del mundo?

B. Ponga la **h** donde sea necesario. Marque con **X** donde no se necesite.

1. Érase una vez una _____ormiguita que quería ser artista.

2. Antes de leer el guión lo _____ojeé (*I paged through it*) ligeramente.

3. Cantinflas les _____echó agua a los policías que lo perseguían.

4. Con la película ya _____echa, el pueblo se quedó sin fuente de trabajo.

5. Vámonos, que la función ya _____a terminado.

6. Anoche _____abía una cola muy larga para ver la película.

7. No sabíamos nada de la vida del actor _____asta que ganó el Premio Óscar.

8. Las banderas se mantuvieron a media _____asta durante una semana.

9. Su madre _____ora (*prays*) durante las películas de suspenso.

10. Muchas películas son adaptaciones de novelas de gran interés _____umano.

Gramática

El pretérito

Dé la forma apropiada del pretérito de los verbos entre paréntesis.

El laberinto del fauno es una película que _____ (*dirigir*)[1] el director mexicano Guillermo del Toro en 2006. En ella del Toro _____ (*emplear*)[2] la fantasía como técnica para

(Continúa.)

describir lo que pasaba en España durante la Guerra Civil española. Se _____ (contar)³ la historia desde el punto de vista de una niña que _____ (crear)⁴ su propia historia fantástica para huir de la realidad. En el filme se _____ (presentar)⁵ una mezcla de la realidad y la fantasía de una manera impresionante. Para representar lo terrible del tema, el director de fotografía _____ (utilizar)⁶ colores oscuros. *El laberinto del fauno* se _____ (concebir)⁷ como un cuento de hadas, pero en realidad _____ (resultar)⁸ ser una película que _____ (horrorizar)⁹ a los adultos. Este filme _____ (ganar)¹⁰ tres Premios Óscar.

El imperfecto

Dé la forma apropiada del imperfecto de los verbos entre paréntesis.

Cuando mi padre _____ (ser)¹ joven no se _____ (perder)² las películas de Mario Moreno en las que hacía el papel de Cantinflas. _____ (Decir)³ que era el mejor cómico de la época y que no se _____ (comparar)⁴ con los comediantes de ningún otro país latinoamericano. Mi mamá, que en aquel entonces era su novia, lo _____ (acompañar)⁵ al cine y juntos _____ (disfrutar)⁶ de sus películas. Mi papá _____ (preferir)⁷ *Conserje en condominio,* pero a mi mamá le _____ (gustar)⁸ más *El bolero de Raquel.* Ellos _____ (Ver)⁹ todas las películas de Cantinflas cada vez que las _____ (presentar)¹⁰ en el cine.

El pretérito y el imperfecto

A. Complete la siguiente narración con el pretérito o el imperfecto de los verbos entre paréntesis.

En mi pueblo _____ (haber)¹ un cine muy viejo donde _____ (presentar)² películas mexicanas. Una noche _____ (ir)³ con mis primos a ver *El ceniciento* con el famoso actor mexicano Tin Tan. _____ (Reírnos)⁴ tanto que _____ (terminar)⁵ llorando de la risa. Había un vendedor de dulces que _____ (caminar)⁶ entre las butacas vendiendo dulces de coco, caramelos y chicles. Esa noche yo _____ (comprar)⁷ todos los dulces de coco que _____ (tener)⁸ el vendedor y me los _____ (comer)⁹ todos. _____ (Enfermarme)¹⁰ y, al día siguiente, no _____ (poder)¹¹ ir a la playa con mis primos.

B. Dé la forma apropiada del pretérito o del imperfecto de los verbos entre paréntesis.

Cuando mi familia _____ (used to live)[1] en México siempre

_____ (used to spend)[2] las vacaciones de primavera en la ciudad de Guadalajara.

Nosotros _____ (used to visit)[3] los museos como el Hospicio de Cabañas,

_____ (used to go)[4] al teatro, _____ (used to hike)[5] a la

Barranca de Huentitán, _____ (used to walk)[6] por el centro histórico mientras

_____ (used to eat)[7] fruta fresca con limón, sal y chile y, por exigencia de mi

madre, siempre _____ (we had to)[8] que visitar la catedral. A mí, en especial,

_____ (used to love)[9] comer las carnes cocinadas en sus jugos y las tortas

ahogadas. Después de que emigramos a California y todos empezamos a crecer, nuestros viajes

a Guadalajara se _____ (were suspended),[10] pero yo _____

(remained)[11] para siempre con un bonito recuerdo de esos viajes.

En marzo de 2006 _____ (I decided)[12] volver a Guadalajara con mi

novia y nuestros amigos Carlos y Estela. Nosotros _____ (planned)[13] hacer

todos las cosas que yo había hecho cuando _____ (I was)[14] niño. Les

_____ (I told)[15] que _____ (it was going)[16] a ser un viaje

inolvidable, y así lo _____ (it was).[17] Resulta que ese mes _____

(they were celebrating)[18] en Guadalajara el Festival Internacional de Cine. Como a todos nos

gusta el cine _____ (we decided)[19] asistir a muchas de las películas del festival.

_____ (We saw)[20] doce películas. Una noche _____ (we

slipped in)[21] en una fiesta privada, pero Estela _____ (felt)[22] muy culpable y nos

_____ (she told)[23] que _____ (she was leaving)[24] para el hotel.

Pues, resulta que esa noche _____ (we met)[25] a varios directores, actores y

técnicos del cine mexicano y latinoamericano. _____ (It was)[26] una noche

inolvidable. Cuando regresamos al hotel en la madrugada, Estela todavía _____

(was)[27] despierta. _____ (She was)[28] muy preocupada porque _____

(she feared)[29] que nos hubieran descubierto. Al ver que la pobre nos había esperado toda la noche

_____ (we opted)[30] por no decirle lo bien que lo habíamos pasado para no hacer

que se sintiera peor.

Durante nuestra semana en Guadalajara no _____ (we didn't see)[31] muchos

lugares de la ciudad, pero sí _____ (we managed)[32] ver muchas películas buenas.

Mi novia y yo hemos vuelto cada mes de marzo a ese famoso Festival Internacional de Cine de

Guadalajara que _____ (we discovered)[33] por accidente.

Nuestro idioma

Palabras en español de origen náhuatl

A. Escriba la letra que corresponda a la palabra de origen náhuatl que se define.

1. _____ bola pequeña de vidrio u otra materia dura que se usa para un juego de niños
   a. el chile   b. el chicle   c. la canica   d. el cacahuate

2. _____ nombre de un insecto que también se le conoce como «saltamontes»
   a. el chapulín   b. el aguacate   c. el pozole   d. el guajolote

3. _____ animal carnívoro, poco mayor que un gato, que se reconoce por su cola anillada (*ringed*) y lo que parece ser una máscara negra que va desde cada mejilla a cada ojo
   a. el papalote   b. el tamal   c. el ocelote   d. el mapache

4. _____ ave de rapiña (*bird of prey*) parecida al buitre pero de tamaño menor
   a. el nopal   b. el zopilote   c. el chamaco   d. la jícama

5. _____ tubo de plástico que se usa para sorber líquidos
   a. el popote   b. el jitomate   c. el nopal   d. el camote

B. Escriba la palabra apropiada en el espacio en blanco según el contexto de cada oración. ¡OJO! No se repiten las palabras.

cacahuates	chicle	popotes
camote	jitomate	tocayos
chamacos	papalotes	zacate

1. Mucha gente mastica _____ con sabor de menta porque les deja la boca con una sensación limpia.

2. La familia Chiriboga volaba _____ en el parque todos los fines de semana.

3. Vimos a varios _____ de la vecindad jugando canicas en el camino de tierra.

4. Juan Antonio y yo tenemos el mismo nombre, así que somos _____.

5. María no desayuna con frecuencia, pero cuando sí lo hace le gusta desayunar pan tostado con mantequilla de _____.

❖ C. Escriba tres palabras asociadas con cada una de las siguientes palabras de origen náhuatl.

MODELO: el camote → batata, tubérculo, dulce

1. el zacate _____

2. el guajolote _____

3. el nopal _____

4. la jícama _____

❖ D. Busque las definiciones de tres de las palabras de origen náhuatl que siguen. Luego escriba las definiciones en sus propias palabras en los espacios en blanco.

el aguacate	el ocelote	el tamal
el jitomate	el pozole	el zacate

1. _____
   _____
   _____

2. _____
   _____

3. _____
   _____

Escritura

La narración el en pasado: La biografía y la autobiografía

Repase **La narración en el pasado: La biografía y la autobiografía** en la sección **Escritura del Capítulo 2** del libro de texto. Luego, busque información sobre un(a) artista, director(a) o productor(a) de películas hispanas en los Estados Unidos. En una hoja aparte, escriba una biografía de por lo menos 100 palabras sobre esta persona.

Así se dice

... en la universidad

inglés	español estándar	formas no estándar
attendance	la asistencia	la atendencia
college, university	la universidad	el colegio
college application	la solicitud para la universidad	la aplicación
grade	la nota, la calificación	el grado
to apply for college	solicitar la entrada a la universidad, completar la solicitud para la universidad	aplicar para el colegio
to check (homework)	corregir	chequear
to go to graduate school	ir a la universidad para estudios de posgrado / hacer la maestría / hacer el doctorado	ir a la escuela graduada

Cognados

la antropología	anthropology
el arte	art
la ciencia	science
las ciencias naturales/sociales	natural/social sciences
la clase	class (students); class, course (subject)
el curso	course, class
la filosofía	philosophy
la física	physics
la geografía	geography
la historia	history

las humanidades	*humanities*
la literatura (comparada)	*(comparative) literature*
las matemáticas	*mathematics*
el/la profesor(a)	*professor*
la sociología	*sociology*

Cognados falsos

el colegio ≠ *college*

- el colegio = *middle school*
- *college* = la universidad

la facultad ≠ *faculty*

- la facultad = *school or department at a university*
- *faculty* = el profesorado

la lectura ≠ *lecture*

- la lectura = *reading*
- *lecture* = conferencia

la librería ≠ *library*

- la librería = *bookstore*
- *library* = la biblioteca

atender ≠ *to attend*

- atender = *to help, to attend to*
- *to attend* (*class*) = asistir a (clase)

Práctica

A. Complete las oraciones con la información dada entre paréntesis.

1. La _____ (*attendance*) a clase representa el 30 por ciento de la nota final.

2. La clase de _____ (*philosophy*) que tengo requiere que al final del semestre entreguemos un ensayo de veinte páginas.

3. El profesor González prefiere tener un puesto en la _____ (*school or department at a university*) de español.

4. Yo pienso sacar buenas _____ (*grades*) en la clase de física porque estudio mucho.

5. No es difícil prestar atención en la clase de _____ (*geography*) porque la profesora es muy dinámica.

6. El profesor siempre _____ (*corrects*) las tareas un día después de que las entregamos.

7. Yo quiero _____ (*to go to graduate school*) en Miami.

8. El _____ (*faculty*) de la universidad participó en la recaudación (*collection*) de fondos para el club de estudiantes.

9. Tengo que comprar varios libros de texto de la _____ (*bookstore*).

10. El profesor nos da como mínimo seis _____ (*readings*) cada semana.

. Traduzca las siguientes oraciones al español.

1. *My cousin is applying for college next year.*

   _____

   _____

2. *The art department invited a famous artist to give a lecture on modern art.*

   _____

   _____

3. *Physics was my hardest class last semester.*

   _____

   _____

4. *My mother always says that the best years of her life were in college.*

   _____

   _____

5. *Most of the anthropology professors will be attending the opening of the new library.*

   _____

   _____

6. *I have to get good grades in order to be accepted to a good law school.*

   _____

   _____

7. *The library is located next to the history building.*

   _____

   _____

8. *I attended a concert last night sponsored by the music department.*

   _____

   _____

9. *You can find all the required textbooks at the university bookstore.*

   _____

   _____

10. *The comparative literature department has instituted a very strict attendance policy.*

   _____

   _____

❖ Para terminar

Escriba un párrafo sobre tres temas relacionados con el cine mexicano que Ud. no sabía antes de leer este capítulo, pero que ahora sí sabe.

_____

_____

_____

_____

_____

_____

_____

_____

_____

_____

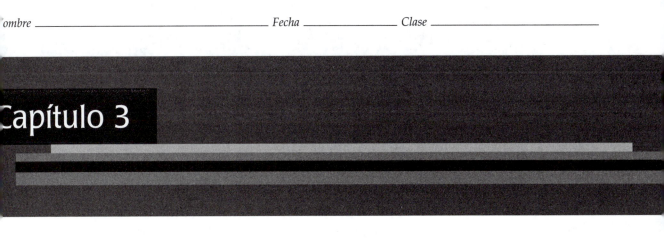

Capítulo 3

Vocabulario

.. Empareje las siguientes palabras con sus respectivos antónimos.

_____ 1. desplegarse

_____ 2. colorido

_____ 3. teñido

_____ 4. sombrío

_____ 5. proveer

_____ 6. soberano

_____ 7. deshilachar

_____ 8. confeccionar

_____ 9. apoderarse

_____ 10. bendecir

a. dependiente
b. alegre
c. encogerse
d. privar
e. despintado
f. devolver
g. deshacer
h. maldecir
i. unir
j. sin color

. Trace un círculo alrededor de la letra que corresponda a la palabra o frase que mejor complete la oración.

1. Durante las procesiones de Semana Santa en Guatemala, las calles se cubren con alfombras de _____ teñido de colores.
   a. polvo   b. arroz   c. aserrín

2. Los cantos fúnebres que acompañan la procesión de Jesucristo crean un ambiente _____.
   a. jubiloso   b. alegre   c. sombrío

3. En Latinoamérica muchas plazas se adornan con las estatuas de _____ nacionales.
   a. los artistas   b. los próceres   c. los políticos

4. En los carnavales participan diversos grupos que desfilan montados _____.
   a. en coches   b. en carrozas   c. a caballo

(Continúa.)

5. La gente prepara _____ para el Día de los Tres Reyes Magos.
   a. la rosca de reyes   b. tortas   c. bizcochos

6. En Panamá el Carnaval se acompaña con la música de la _____.
   a. murga   b. salsa   c. zarzuela

7. En Cuba y Colombia se come un plato que se llama _____.
   a. sopón   b. sancocho   c. ajiaco

8. Hay tiendas especiales en donde se venden _____ que se dan en las fiestas.
   a. los lápices   b. los libros   c. los recordatorios

9. El 2 de noviembre es el día en que se consigue _____ en algunas reposterías hispanas.
   a. pan de Mallorca   b. pan de leche   c. pan de muerto

10. Durante el siglo XIX, los latinoamericanos lucharon por conseguir su _____.
    a. independencia   b. puesto en las Naciones Unidas   c. libertad de religión

C. Escriba el sinónimo de la palabra subrayada en la línea en blanco. Use las palabras y frases a con tinuación y modifíquelas según sea necesario.

| el afiche | el brebaje | confeccionarse | proveer de | la romería |
| apoderarse | la carreta | el/la danzante | el remedio | teñido/a |

1. _____ William Walker, un aventurero estadounidense, llegó a apropiarse de

Nicaragua en el siglo XIX.

2. _____ En las yerberías se venden medicinas.

3. _____ La ciudad está llena de carteles que anuncian las corridas de toros.

4. _____ Con las hojas de té se puede preparar bebidas medicinales.

5. _____ Los supermercados proporcionan productos regionales al consumidor

hispano.

6. _____ Las peregrinaciones de la Virgen se celebran en todos los países

latinoamericanos.

7. _____ La reina del Carnaval llevaba el pelo pintado de rubio.

8. _____ El desfile del Carnaval va acompañado de música y bailarines.

9. _____ Los boyeros conducen carros de bueyes en la feria.

10. _____ Para los Carnavales se hacen máscaras y disfraces espectaculares.

Ortografía

as letras g y j

. Corrija la ortografía de la palabra subrayada cuando sea necesario y escriba la forma correcta en la línea en blanco.

1. _____ Hay tarjetas de Navidad con ilustraciones de las costumbres hispanas.

2. _____ La jente hace romerías en honor a la Virgen María.

3. _____ Los peregrinages en honor al santo patrón del país terminan en la

   iglesia.

4. _____ Muchas tradiciones de Latinoamérica tienen su origen en España.

5. _____ La Semana Santa es una celebración relijiosa.

6. _____ Al finalizar las fiestas de Carnaval los disfraces y carretas se guardan

   en los garages hasta el próximo año.

7. _____ Cuando se anuncia un matrimonio en el periódico se acompaña con

   una foto de los cónyugues.

8. _____ A muchas bebidas medicinales se les echa genjibre.

9. _____ Los tejidos guatemaltecos son muy conocidos por su colorido y belleza.

10. _____ América Ferrara es un personage de la televisión estadounidense de

   origen hondureño.

. Llene los espacios en blanco con la g o la j.

El año pasado mi esposa y yo condu____imos[1] por Centroamérica. No solamente nos dis-

tra____imos[2] con la belleza natural de los paisa____es,[3] sino que también disfrutamos de los

sonidos de los bosques como los gor____eos[4] (*chirping*) de los pa____aritos[5] que escuchamos por

los caminos. Un día nos encontramos con algunos niños y nos preguntaron si llevábamos caramelos

para re____alarles.[6] Nos di____eron[7] que el año anterior unos extran____eros[8] les habían traído

caramelos y ____uguetes[9] para el día de los Reyes Ma____os.[10] Los visitantes les arro____aron[11]

primero los caramelos, lue____o[12] se ba____aron[13] del coche para entre____arles[14] las otras cosas

que traían. Los visitantes no llevaban equipa____e[15] porque su coche estaba lleno de regalos para

todos. Por la noche ellos se alo____aron[16] con una familia, pero antes de acostarse todos fes-

te____aron[17] la ocasión con música y baile.

A mi esposa y a mí nos gustó ese ____esto[18] de buena voluntad y decidimos poner en nuestra

a____enda[19] para el próximo año un via____e[20] parecido en el que llevaríamos muchos regalos y

caramelos.

Gramática

El participio pasado

A. Cambie los verbos entre paréntesis a participios pasados como adjetivos.

Querida Lucila,

¡Hace mucho tiempo que no te escribo! Espero que tú y tu familia estén gozando de buena salud

¿Recuerdas a las gemelas Maritere y Margarita? La semana pasada cumplieron veintiún años.

Mis compañeros de cuarto y yo decidimos darles una fiesta de cumpleaños de sorpresa en nuestr

casa el sábado por la noche. Tú sabes bien que nuestra casa es grande y vieja y siempre está

_____ (desordenar).[1] Por eso mis compañeros decidieron que todos teníamos

que levantarnos temprano el sábado para limpiarla para que quedara bien _____

(asear)[2] y _____ (decorar)[3] para la fiesta. Yo me quedé _____

(sorprender)[4] porque sé que a ellos no les gusta nada limpiar pero trabajaron bastante

durante el día entero. De todas maneras, valió la pena porque nuestra casa es un lugar

_____ (hacer)[5] para bailar, ¿no crees? Además cuenta con esa terraza en el

segundo piso _____ (construir)[6] para que la gente pueda charlar y apreciar

una vista de toda la ciudad.

Llegaron los invitados muy _____ (emocionar)[7] porque anticipaban celebrar

el cumpleaños de las hermanas. Sin duda también querían probar los varios platos

_____ (preparar)[8] por nuestros amigos centroamericanos: pupusas, picado

con chicharrón, tamales… ¡Riquísimos! Aunque al principio la fiesta estuvo un poco

_____ (desorganizar),[9] todo salió bien. Cuando llegaron nuestras amigas, estas

estaban muy _____ (emocionar)[10] porque no esperaban una fiesta sorpresa en

su honor. Todos nosotros nos divertimos mucho; comimos, charlamos y bailamos hasta la

madrugada. ¡Qué lástima que no pudieras haber celebrado con nosotros!

Te extraño muchísimo y espero verte pronto. ¡Quizás te visite el mes que viene para celebrar

contigo tu cumpleaños!

Tu amigo de siempre
Marco Antonio

B. Complete el diálogo con el participio pasado del verbo entre paréntesis como adjetivo.

ELENA: ¿Vas a ir a la feria del Santo Cristo de Esquipulas?

PETRA: Iré, si mi coche ya está _____ (arreglar).[1] Si no, tendría que caminar y

seguro que llegaría muy _____ (cansar).[2]

ELENA: Pues, valdría la pena aun si tuvieras que caminar, porque la plaza del pueblo ya está bien

_____ (adornar)[3] y lista para recibir a toda la gente que ha esperado

mucho tiempo para esta celebración.

PETRA: Sí, va a venir mucha gente. Estoy segura de que tanto los residentes como los turistas se

quedarán _____ (impresionar).[4]

ELENA: Me enteré de que los arreglos florales para el altar están _____ (hacer)[5]

de seda para que duren todo el fin de semana.

PETRA: ¡Qué bien! Yo me enteré de que las corridas de toros tendrán lugar en la nueva plaza de

toros _____ (construir)[6] el año pasado.

ELENA: No lo sabía, pero sé que estarán _____ (abrir)[7] al público, o sea, a todo

el que quiera participar en ellas.

PETRA: Estoy _____ (convencer)[8] de que la feria será todo un éxito.

Nuestro idioma

Palabras en español de origen griego

A. Escriba la letra que corresponda a la palabra de origen griego que se define.

1. _____ instrumento que señala durante un terremoto la dirección y amplitud de las
oscilaciones y sacudimientos de la tierra
   a. el sismógrafo   b. el eucalipto   c. el lirio   d. el sistema

2. _____ área de la medicina que trata de las enfermedades propias de la mujer
   a. la cronología   b. la botica   c. la ginecología   d. la idiosincrasia

3. _____ expresión artística por medio de palabras escritas en verso o, en ocasiones, en prosa
   a. la antología   b. la poesía   c. el tema   d. el trauma

4. _____ se dice de una persona versada en varias lenguas
   a. cosmopolita   b. políglota   c. poeta   d. eufórica

5. _____ obra de teatro o de cine en que prevalecen acciones y situaciones tensas y pasiones
conflictivas
   a. la historia   b. el panorama   c. el golpe   d. el drama

B. Escriba la palabra apropiada en el espacio en blanco según el contexto de cada oración. ¡OJO!
No se repiten las palabras.

anarquía	eucalipto	nostalgia
botica	geografía	oxígeno
cronología	gimnasio	tema

1. Cuando subí a la cima del Cerro Aconcagua en Argentina, me faltaba _____

para respirar, pero valió la pena porque la vista es algo espectacular.

(Continúa.)

2. A causa de la ausencia de la policía, la manifestación de los estudiantes creó una verdadera

_____ en las calles.

3. Desde que era adolescente, he ido al _____ para hacer ejercicio.

4. Durante mi visita a Costa Rica el año pasado, aprendí que la _____ es muy

variada: Hay volcanes, playas, lagos, bosques nubosos, es decir, de todo.

5. Mi abuela siempre se llena de _____ y tristeza cuando llega el día de

cumpleaños de mi difunto abuelo.

❖ C. Escriba tres palabras asociadas con cada una de las siguientes palabras de origen griego.

MODELO: el ángel → cielo, Dios, religión

1. cosmopolita _____

2. el lirio _____

3. el planeta _____

4. el mapa _____

❖ D. Busque las definiciones de tres de las palabras de origen griego que siguen. Luego escriba las definiciones en sus propias palabras en los espacios en blanco.

| la antología | la idiosincrasia | el panorama |
| eufórico/a | el maratón | el trauma |

1. _____

_____

2. _____

_____

3. _____

_____

❖ Escritura

Punto de vista

Repase **Punto de vista** en la sección **Escritura** del **Capítulo 3** del libro de texto. Luego, busque la foto de una celebración, ya sea de un carnaval, una boda u otra fiesta cualquiera. En una hoja aparte, escriba dos narraciones (de por lo menos 100 palabras cada una) desde diferentes puntos de vista: una en primera persona y otra en tercera persona.

Así se dice

.. en el centro comercial y en el supermercado

inglés	español estándar	formas no estándar
cash	el dinero en efectivo	el cash
dime	la moneda de diez centavos	el dime, el daim
mall	el centro comercial	el mall, el shopping
market	el mercado	la marketa
nickel	(la moneda de) cinco centavos	el níquel
parking	el estacionamiento	el parking
penny	(la moneda de) un centavo	el peni
quarter	(la moneda de) veinticinco centavos	la cora
size (ropa)	talla	tamaño
soda	refresco	soda
to go shopping (ropa)	ir de compras	ir shopping
to pay cash	pagar en efectivo	pagar en cash

Cognados

el dólar	*dollar*
el precio	*price*
costar	*to cost*

Cognados falsos

la ganga ≠ *gang*

- la ganga = *bargain*
- *gang* = la pandilla

la grosería ≠ *grocery store*

- la grosería = *rudeness*
- *grocery store* = el supermercado, la tienda de comestibles/abarrotes

Préstamos

los jeans	*jeans*
el jersey	*sweater, pullover*
el suéter	*sweater*

Práctica

A. Complete las oraciones con la información dada entre paréntesis.

1. El suéter que me compré me _____ (*cost*) un ojo de la cara (*an arm and a leg*).

2. Me gusta mucho el barrio donde vivo porque se me hace muy fácil ir a mi trabajo y de regreso siempre paso por el _____ (*market*) para comprar lo que se necesita en la casa.

3. Siempre que visito otros países al principio me cuesta acostumbrarme a las nuevas monedas y al cambio del _____ (*dollar*) cuando voy de compras.

(Continúa.)

4. Para mí, ver todos los distintos tipos de comida en _____ (*the grocery store*) es muy divertido.

5. A todos nos gusta ir de compras cuando hay _____ (*bargains*) porque podemos ahorrar más dinero.

6. Mi amiga Sara se compró mucha ropa cuando fue a México, porque le fue muy fácil encontra su _____ (*size*) en las tiendas de ropa.

7. Yo siempre prefiero _____ (*to pay in cash*) porque cuando uso mi tarjeta de crédito a veces pago más en intereses.

8. Me gusta el _____ (*mall*) que acaban de abrir cerca de la universidad porque hay muchas tiendas de ropa muy buenas.

9. Durante todo el año los niños de la escuela ahorraron sus _____ (*pennies*) para ir de compras y buscarle un regalo a su profesora.

10. Hace dos años dejé de tomar _____, (*sodas*) y ahora sólo bebo agua y té.

B. Traduzca las siguientes oraciones al español.

1. *I will pick you up at 8:00 A.M. so that we get to the mall early.*

   _____

   _____

2. *My grandmother loves to shop when she's in Guatemala.*

   _____

   _____

3. *I like shopping in my cousin's neighborhood, because there are no gangs there.*

   _____

   _____

4. *I like to do my grocery shopping at grocery stores that also have a pharmacy in order to save time.*

   _____

   _____

5. *There are lots of great malls near my house.*

   _____

   _____

6. *I don't like going shopping with my mother because she spends too much time hunting for bargains.*

   _____

   _____

7. *My friend Luis prefers going grocery shopping at his neighborhood market because they sell many organic products.*

_____

_____

8. *I was shocked by how rude the cashier was when I paid for my fruit in quarters.*

_____

_____

9. *I had to pay for all my books in cash this semester because my credit card had not arrived.*

_____

_____

10. *They were having a sale on soda at the grocery store.*

_____

_____

Para terminar

Escriba un párrafo sobre tres temas relacionados con las tradiciones y celebraciones que Ud. no sabía antes de leer este capítulo, pero que ahora sí sabe.

_____

_____

_____

_____

_____

_____

_____

_____

_____

_____

_____

Capítulo 4

Vocabulario

A. Empareje las siguientes palabras con sus antónimos respectivos.

_____ 1. atractivo   a.   mansión

                    b.   separar

_____ 2. contar con   c.   desagrado

                    d.   gastos

_____ 3. comprender   e.   egoísta

_____ 4. choza   f.   carecer de

                    g.   excitado

_____ 5. ladera   h.   llanura

                    i.   excluir

_____ 6. cazar   j.   liberar

_____ 7. ingresos

_____ 8. apacible

_____ 9. confluir

_____ 10. hospitalario

B. Trace un círculo alrededor de la letra que corresponda a la palabra o frase que mejor complete la oración.

1. Todavía hay grandes _____ de café en Latinoamérica.
    a.   plantas   b.   haciendas   c.   tipos

2. Los campesinos practicaban la agricultura en _____ de Venezuela.
    a.   las cuencas   b.   los llanos   c.   las fronteras

3. Una de las atracciones más populares de la Isla Margarita es el parque nacional Laguna de la Restinga por sus _____ y su inmensa playa.
    a.   cascadas   b.   montañas   c.   manglares

4. El clima de Costa Rica es _____ con sólo dos estaciones del año.
    a.   placentero   b.   seco   c.   lluvioso

5. La fuente principal de _____ de los países latinoamericanos se basa en la agricultura.
    a.   ingresos   b.   dinero   c.   comida

(Continúa.)

6. El Salto Ángel _____ en una montaña mesa de Venezuela.
   a. es un hotel de lujo   b. es un gimnasio   c. está ubicado

7. Ha habido muchas campañas de _____ con la intención de mejorar la calidad de vida de las poblaciones latinoamericanas.
   a. deporte   b. alfabetización   c. religión

8. El petróleo, el carbón mineral y el hierro son los principales _____ de Venezuela.
   a. fuentes de ingresos   b. desarrollos   c. recursos naturales

9. El ecoturismo ofrece oportunidades de trabajo, lo cual ayuda a reducir _____ en los países.
   a. el letargo   b. la depresión   c. la tasa de desempleo

10. Unas de las bellezas naturales más conocidas de los países latinoamericanos son _____ que se encuentran en los bosques y las selvas.
    a. las cascadas   b. las montañas   c. los manglares

C. Escriba el sinónimo de la palabra subrayada en la línea en blanco. Use las palabras y frases a continuación y modifíquelas según sea necesario.

| apacible | la catarata | la choza | hospitalario/a | la muralla |
| el arrecife | cazar | contar con | la meseta | placentero/a |

1. _____ Los españoles construían barreras alrededor de las ciudades coloniales para protegerlas.

2. _____ El clima de los llanos venezolanos es muy agradable.

3. _____ Cuando los españoles llegaron a América los indígenas vivían en casuchas.

4. _____ Los indígenas atrapaban animales salvajes para su consumo.

5. _____ En Colombia, el clima en el altiplano es muy frío.

6. _____ La mayoría de los indígenas que encontraron los españoles a su llegada eran muy generosos.

7. _____ Muchos turistas viajan a lugares en las zonas rurales para disfrutar de un ambiente tranquilo.

8. _____ A los turistas les gusta bucear cerca de los cayos de la Isla Margarita.

9. _____ Costa Rica tiene bosques lluviosos, playas y montañas.

10. _____ Las cascadas de Latinoamérica son impresionantes.

Kevin don't write on the book again Please!! ✓

Ortografía

Las letras c, s y z

A. Corrija la ortografía de la palabra subrayada cuando sea necesario y escriba la forma correcta en la línea en blanco.

1. _____ Cuando se planeó la <u>excurción</u> a Costa Rica no pensamos en los gastos.

2. _____ Los estudiantes <u>hizieron</u> muchos amigos en el viaje.

3. _____ La <u>organisación</u> del viaje estuvo en manos de la profesora.

4. _____ En una <u>ocasión</u> recurrimos a la ayuda de unos turistas que conocían el camino.

5. _____ Llegamos a la <u>conclusión</u> de que para visitar sitios aislados hay que tener un buen mapa.

6. _____ Algunos de los países centroamericanos <u>establecieron</u> planes de desarrollo económico basados en el ecoturismo.

7. _____ Existe una <u>conección</u> muy fuerte entre el ecoturismo y la belleza natural de un país.

8. _____ El año pasado estuve en Guatemala dos <u>veses</u>.

9. _____ Hacía tanto sol mientras caminaba que terminé con dolor en las <u>cienes</u>.

10. _____ Voy a <u>cozer</u> las verduras con leña porque es todo lo que tenemos.

B. Llene los espacios en blanco con la **c,** la **s** o la **z**.

Mis amigos salieron de viaje y yo estaba muy ____elosa[1] porque era la ter__c__era[2] ve____ que[3] se fueron de vaca__c__iones[4] este año. Aunque ofre____ieron[5] llevarme con ellos no pude a____eptar[6] su invita____ión.[7] Iba a ser una excur____ión[8] muy intere____ante[9] a travé____[10] de muchos paí____es.[11] Iban a cru____ar[12] montañas muy hermo____as[13] y ha____er[14] excur____iones[15] a pie en algunos parques na____ionales.[16] La verdad es que me apete____ía[17] mucho ir con ellos, pero además de care____er[18] de tiempo, no me quedaba ni un día más de vaca____iones.[19] In____istí[20] en que iría con ellos el próximo año.

Gramática

Los tiempos compuestos

A. Complete las oraciones con los verbos entre paréntesis en el tiempo compuesto apropiado según contexto.

1. Cuando llegó su novia, él ya _____ (despertarse).

2. Desde que vinieron a Colombia no _____ (ir) a la iglesia.

3. Dudo que _____ (morirse) de un infarto (*heart attack*).

4. Si hubiera gritado fuerte, yo lo _____ (oír).

5. Para las 10:00 de la noche Sonia ya _____ (terminar) la tarea.

6. Si _____ (ganar) la lotería, me habría comprado una casa más grande.

7. Recibí un mensaje electrónico de la biblioteca, pero yo ya _____ (devolver) los libros.

8. Nosotros _____ (hacer) muchos cambios en el plan de estudios para que los estudiantes aprendan más.

9. Es posible que los documentos _____ (destruirse) en el fuego.

10. No creo que Juan _____ (publicar) el artículo todavía.

B. Traduzca las siguientes oraciones al español. ¡OJO! Preste atención al uso de los tiempos compuestos.

1. *Have you seen the movie* Volver?

   _____

   _____

2. *We went to the park yesterday. We had never walked so much!*

   _____

   _____

3. *By the time you arrive, they will have already finished their homework.*

   _____

   _____

4. *Our professor is glad that so many students have come to the lecture on Venezuela.*

   _____

   _____

5. When we arrived at the hotel, they had already left.

_____

_____

6. If I had known your sister was coming to dinner, I would have cooked more food.

_____

_____

7. By the end of the year, my parents will have already returned from Mexico.

_____

_____

8. I hope you have decided to spend the summer in Costa Rica.

_____

_____

9. My grandmother stayed with her family when she went to Venezuela. If I had gone, I would have stayed in a hotel.

_____

_____

10. Have you ever been to Colombia?

_____

_____

11. The students were annoyed that their trip to Caracas had been canceled.

_____

_____

12. We all hope that my cousins have arrived safely from Bogota.

_____

_____

Nuestro idioma

Palabras en español de origen visigodo

A. Escriba la letra que corresponda a la palabra de origen visigodo que se define.

1. _____ palo con punta
   a. la aspa   b. la estaca   c. la parra   d. la tala

2. _____ parte de la armadura antigua que resguardaba la cabeza y el rostro
   a. el hacha   b. el barón   c. el bando   d. el yelmo

(Continúa.)

3. _____ recompensa por servicios o méritos

    a. el dardo   b. el botín   c. el galardón   d. la parra

4. _____ bienes que se obtienen de una guerra o un robo

    a. el botín   b. el estribo   c. el bando   d. el dardo

5. _____ ave con plumaje generalmente gris y pico y patas de color naranja, rosa o amarillo

    a. el ganso   b. la tala   c. el varón   d. la espuela

B. Escriba la palabra apropiada en el espacio en blanco según el contexto de cada oración. ¡OJO! No se repiten las palabras.

bandos	dardos	estribos
barón	esgrimir	guisar
brida	espuelas	rapar

1. Hace siglos, los _____ eran armas —lanzas pequeñas y delgadas que se arro jaban. Hoy día son un juego que se puede encontrar en muchos hogares y en bares.

2. Al barbero le gusta _____ el pelo de los varones que todavía no han llegado a la adolescencia; en su opinión los que tienen el pelo muy corto no se meten en tantos problemas.

3. Marina no puede montar ese caballo porque sus pies no alcanzan los _____ de la silla de montar.

4. Los que quieran manejar la espada o el sable pueden aprender a _____.

5. Anita le clavó las _____ al caballo para que corriera más rápido.

❖ C. Escriba tres palabras asociadas con cada una de las siguientes palabras de origen visigodo.

    MODELO: el bando → facción, partido, parcialidad

1. guisar _____

2. la tapa _____

3. el barón _____

4. la parra _____

❖ D. Busque las definiciones de tres de las palabras de origen visigodo que siguen. Luego escriba las definiciones en sus propias palabras en los espacios en blanco.

la aspa	la brida	la tala
el bando	el hacha	ufano/a

1. _____

    _____

2. _____

    _____

3. _____

    _____

Escritura

El ensayo expositivo

epase **El ensayo expositivo** en la sección **Escritura** del **Capítulo 4** del libro de texto. Luego en una
oja aparte, escriba un ensayo expositivo de por lo menos 150 palabras sobre cómo se desarrolla el
urismo en el estado o la ciudad donde Ud. reside.

Las siguientes preguntas pueden servir para ayudarle a organizar sus ideas.

- ¿Qué clase de turismo se hace en el lugar donde Ud. reside?
- ¿Cuánto aportan los ingresos provenientes del turismo a la economía del lugar?
- ¿Se está desarrollando el ecoturismo en su ciudad o no? Explique por qué.
- ¿Qué recomendaciones le haría al gobierno de su ciudad para que mejoraran su programa de turismo?

Así se dice

... de vacaciones

nglés	español estándar	formas no estándar
ill (statement)	la cuenta	el bil, el cobro
magazine	la revista	la magasín
ublic transportation	el transporte público	la transportación (pública)
icket	el boleto, el billete	el ticket
o check in luggage	facturar el equipaje	registrar/checar las maletas
o have a good time	divertirse, pasarlo bien	tener (un) buen tiempo
o have good memories	tener buenos recuerdos	tener buenas memorias
o spend time	pasar tiempo	gastar tiempo

Cognados

el aeropuerto	airport
el hostal	hostel
el hotel	hotel
la inmigración	immigration
internacional	international
nacional	national
el pasaporte	passport

Cognados falsos

el acomodamiento ≠ accommodations

- el acomodamiento = transaction; agreement
- accommodations = el alojamiento

notorio/a ≠ *notorious*

- notorio/a = *well-known*
- *notorious* = de mala reputación

el resorte ≠ *resort*

- el resorte = *spring* (part)
- *resort* = complejo turístico, balneario.

Práctica

A. Complete las oraciones con la información dada entre paréntesis.

1. La familia González siempre prefiere quedarse en el mismo _____ (*resort*) cuando viajan a Quepos, Costa Rica.

2. La familia González lleva varias _____ (*magazines*) juveniles para que los niños se mantengan entretenidos durante el vuelo.

3. Hay _____ (*hostels*) cómodos y limpios por toda Centroamérica.

4. Como los requisitos para _____ (*to check in luggage*) en el aeropuerto son muy estrictos, muchas personas prefieren llevar solamente una maleta.

5. En Costa Rica existen muchos tipos de _____ (*accommodations*) para todo tipo de viajeros.

6. _____ (*bill*) del hotel era mucho más de lo que esperábamos.

7. Cuando visito la ciudad de Bogotá a mí me gusta _____ (*to spend time*) en los museos, especialmente el Museo del Oro.

8. Siempre que viajo a Colombia _____ (*I have a good time*).

9. Mi familia _____ (*has good memories*) de los viajes que hacíamos a Caracas durante los años 90.

10. Costa Rica es un país _____ (*well-known*) por la belleza de sus playas y de sus parques nacionales.

B. Traduzca las siguientes oraciones al español.

1. *My friends and I are planning on taking a trip to Costa Rica, but I need to get my passport first.*

   _____

   _____

2. *We have all decided not to check our luggage so that we don't have to wait for it when we arrive.*

   _____

   _____

3. *The bus ticket I bought to Medellín was very cheap.*

_____

_____

4. *According to our tour guide, the hostel we're staying at is very nice.*

_____

_____

5. *We all decided to stay at a budget hotel rather than at a fancy resort in order to save money.*

_____

_____

6. *Our classmate Raul is nervous about taking his first international trip and about taking public transportation around San Jose.*

_____

_____

7. *Costa Rica is well-known for its beautiful national parks and biological reserves.*

_____

_____

8. *Even though my mother is a U.S. citizen, when she travels outside of the United States, she always gets nervous when she goes through immigration.*

_____

_____

9. *Some hotels are notorious for overcharging hotel guests for room service and phone calls.*

_____

_____

10. *After our last trip to San Jose, there was a problem with our hotel bill but our credit card company fixed it right away.*

_____

_____

❖ Para terminar

Escriba un párrafo sobre tres temas relacionados con el turismo y el medio ambiente en Colombia, Venezuela y Costa Rica que Ud. no sabía antes de leer este capítulo, pero que ahora sí sabe.

_____

_____

_____

_____

_____

_____

_____

_____

_____

_____

Capítulo 5

Vocabulario

A. Empareje las siguientes palabras con sus respectivos antónimos.

_____ 1. ganancia	a. risa
	b. siervo
_____ 2. cosecha	c. abundancia
	d. generosidad
_____ 3. apogeo	e. cultivo
_____ 4. llanto	f. decadencia
	g. apaciguar
_____ 5. avaricia	h. rechazo
	i. pesado
_____ 6. cacique	j. pérdida
_____ 7. retar	
_____ 8. escasez	
_____ 9. liviano	
_____ 10. acogida	

B. Trace un círculo alrededor de la letra que corresponda a la palabra o frase que mejor complete la oración.

1. En _____ de los pueblos antiguos de América la diosa de la fertilidad era muy importante.
   a. los cuentos   b. la historia   c. la cosmovisión

2. El dios del cielo envía las lluvias para que no se arruinen _____ .
   a. los bosques   b. los ríos   c. las siembras

3. Cuando primero se inventó la imprenta, la industria del libro no era negocio _____ .
   a. necesaria   b. rentable   c. buena

4. En muchos poemas propios de la cultura popular se utilizan temas como la naturaleza y en particular _____ .
   a. la cosecha   b. los caciques   c. la codicia

5. El dolor existencial puede causar _____ en el cuerpo del individuo.
   a. heraldos   b. estragos   c. cosechas

(Continúa.)

6. En los mitos _____ animales y dioses.
   a. empozan   b. figuran   c. sepultan

7. Los mitos _____ la lógica del ser humano.
   a. dan palmadas en b. sacrifican   c. retan

8. La _____ llevó a los conquistadores a creer que en el Nuevo Mundo existían ciudades cubiertas de oro.
   a. bondad   b. alegría   c. avaricia

9. A partir del invento _____ se comenzó a publicar libros acerca de la historia del mundo.
   a. de la imprenta   b. de la pluma   c. de la computadora

10. Muchos españoles recibieron _____ por su participación en la conquista de América.
    a. represalias   b. castigo   c. recompensas

C. Escriba el sinónimo de la palabra subrayada en la línea en blanco. Use las palabras y frases a continuación y modifíquelas según sea necesario.

| arrojarse | el cacique | desafiar | liviano/a | la ofrenda |
| la avaricia | el cántaro | la escasez | el llanto | la soga |

1. _____ Las lágrimas de la joven conmovieron a todos los presentes.

2. _____ La gente despreciaba a Juan Pérez por su tacañería (stinginess).

3. _____ El jefe de la tribu llevaba un collar de caracoles que lo identificaba como tal.

4. _____ Amarraron a los prisioneros con cuerdas de nilón.

5. _____ Los piratas se tiraron del barco cuando vieron que los ingleses los atacaban.

6. _____ Los visitantes pusieron sus regalos en el altar de la Virgen.

7. _____ En la boda sirvieron el vino en jarras de porcelana italiana.

8. _____ El Conde de San Juan retó (challenged) a un duelo al Duque de la Villa de Ponce para defender el honor de su familia.

9. _____ Hoy día hay insuficiencia de agua en el planeta.

10. _____ Los móviles de hoy son delgados y ligeros.

Ortografía

Las letras b y v

A. Corrija la palabra subrayada cuando sea necesario y escriba la forma correcta en la línea en blanco.

1. _____ Las historias que cuentan los abuelos y visabuelos son parte de la tradición.

2. _____ A veces las leyendas se pierden después de algunas generaciones.

3. _____ Ya ívamos por el tercer capítulo cuando nos dimos cuenta de que era un libro sobre los mitos del país.

4. _____ Muchos de los mitos bienen de la época precolombina.

5. _____ Las biejas creencias de los incas se recogieron por escrito durante la época colonial.

6. _____ Los cuentos de brujas son muy populares hoy día.

7. _____ El año próximo buelvo otra vez a las montañas de los Andes.

8. _____ El buelo a las Islas Galápagos sale a las 3:00 de la tarde.

9. _____ Hicieron el recorrido por la ciudad de muy buena boluntad.

10. _____ En la civilización de los incas se llevaban a cabo distintos tipos de ofrendas.

B. Llene los espacios en blanco con la b o la v.

Los _____aqueros[1] de la Hacienda San _____icente[2] esta_____an[3] felices por la llu_____ia[4] que caía constantemente porque rega_____a[5] la tierra sedienta (*thirsty*) de humedad. Hacía ya más de seis meses que no ha_____ía[6] llo_____ido.[7] Las _____acas,[8] las o_____ejas,[9] los ca_____allos[10] y los otros animales celebra_____an[11] con ali_____io[12] como si supieran que pri_____ar[13] a (*depriving*) la naturaleza de agua era una muerte segura. Ellos sa_____ían[14] que la naturaleza no era su ad_____ersaria,[15] pero que a _____eces[16] los dioses de antaño (*of yesteryear*) se enoja_____an[17] por las acciones de los hombres. En la región tienen una larga tradición oral y muchas historias cauti_____an[18] la imaginación porque explican el comportamiento de la nie_____e[19] que cae en las montañas, la _____ruma[20] (*mist*) que los acompaña en las mañanas, las _____risas[21] que _____an[22] y _____ienen[23] en el _____erano[24] y el frío que los arropa (*cloaks*) en el in_____ierno.[25]

Gramática

La voz activa y la voz pasiva

A. Cambie las siguientes oraciones de la voz pasiva a la voz activa.

1. El libro *Historia general del Perú* fue escrito por Garcilaso de la Vega.

   _____

   _____

2. Una de las ediciones del libro de poesía *Los heraldos negros* fue publicada por la editorial Castalia

   _____

   _____

3. Según el mito de Inkari, el último inca fue ejecutado por los españoles.

   _____

   _____

4. Las crónicas de la conquista fueron escritas por los cronistas.

   _____

   _____

5. Pacha Mama fue capturada por Wakon.

   _____

   _____

6. Un shuar fue comido por un sapo llamado Kuartam.

   _____

   _____

7. Los libros son producidos por las editoriales.

   _____

   _____

8. El archivo electrónico liviano, Kindle, fue vendida por la compañía Amazon.

   _____

   _____

B. Cambie las siguientes oraciones a la voz activa con **se.**

1. Las historias fueron escritas durante la época colonial.

   _____

   _____

2. Muchas injusticias fueron cometidas en contra de los indígenas.

_____

_____

3. Los miembros del último inca fueron enterrados en diferentes zonas de Perú.

_____

_____

4. La leyenda, El Dorado, fue desarrollada en las montañas de Colombia.

_____

_____

5. Han sido vendidos todos los libros de Mario Vargas Llosa.

_____

_____

6. Los barcos de Hernán Cortés fueron quemados.

_____

_____

7. La imprenta fue inventada en China en el siglo XI.

_____

_____

8. Las leyendas andinas pueden ser vistas en YouTube.

_____

_____

Nuestro idioma

Palabras en español de origen quechua

A. Escriba la letra que corresponda a la palabra de origen quechua que se define.

1. _____ espacio donde se practican ciertos deportes
   a. el tambo   b. la pampa   c. la vicuña   d. la cancha

2. _____ mamífero rumiante (*hoofed*) salvaje de los Andes meridionales; una variedad doméstica, la llama, se aprecia por su lana y como bestia de carga
   a. la quincha   b. el guanaco   c. la quena   d. la lancha

3. _____ felino americano carnívoro que vive en serranías (*mountainous regions*) y llanuras
   a. el cóndor   b. el auca   c. el puma   d. la llama

(Continúa.)

4. _____ excremento de algunas aves que se utiliza como abono (*fertilizer*); se encuentra acumulado en grandes cantidades en las costas y en varias islas de Perú y en el norte de Chile
   a. el guano   b. el choclo   c. la coca   d. el gaucho

5. _____ aguardiente de uva
   a. la ñapa   b. la chilca   c. el charqui   d. el pisco

B. Escriba la palabra apropiada en el espacio en blanco según el contexto de cada oración. ¡OJO! No se repiten las palabras.

charqui	gaucho	quena
choclo	pampa	quincha
cóndor	papa	tambo

1. La _____ argentina es muy extensa y uno puede ver muy lejos en la

   distancia porque no hay árboles.

2. El _____ es el vaquero de la llanura argentina.

3. Un instrumento musical múy típico y reconocido del Altiplano es la _____.

4. Cuando subí el volcán Chimborazo, me di la vuelta para ver el paisaje y vi volar un enorme

   _____ solitario.

5. El algunas tiendas de comestibles en Perú se puede encontrar _____ de

   alpaca o de llama, que es una buena fuente de proteínas para los pobladores de los Andes.

❖ C. Escriba tres palabras asociadas con cada una de las siguientes palabras de origen quechua.

   MODELO: la papa → patata, tubérculo, raíz

1. el auca _____

2. el choclo _____

3. la coca _____

4. la lancha _____

❖ D. Busque las definiciones de tres de las palabras de origen quechua que siguen. Luego escriba las definiciones en sus propias palabras en los espacios en blanco.

la chilca	la quincha	la vicuña
la ñapa/yapa	el tambo	el zacate

1. _____

   _____

2. _____

   _____

3. _____

   _____

Escritura

Causa y efecto

Repase **Causa y efecto** en la sección **Escritura** del **Capítulo 5** del libro de texto. Luego, invente una leyenda sobre la vida contemporánea, pero comience con un hecho histórico verdadero. Escriba su leyenda, de por lo menos 150 palabras, en una hoja aparte. Explique las consecuencias (el efecto) de la leyenda. Aplique las características que aprendió sobre las leyendas y utilice las técnicas de causa y efecto.

Así se dice

... en el consultorio médico

inglés	español estándar	formas no estándar
appointment	la cita	el apoinmen
doctor's office	el consultorio médico	la oficina del doctor / de la doctora
insurance policy	la póliza de seguro	la aseguranza
nurse (*female*)	la enfermera	la norsa
prescription	la receta (médica)	la prescripción
to have a heart condition	estar enfermo/a del corazón	tener una condición del corazón

Cognados

los antibióticos	*antibiotics*
la apendicitis	*appendicitis*
la artritis	*arthritis*
la farmacia	*pharmacy*
el hospital	*hospital*
la inyección	*injection, shot*
el sistema inmunológico	*immune system*

Cognados falsos

asistir (a) ≠ *to assist*

- asistir a = *to attend* (*an event*)
- *to assist* (*at the doctor's office*) = atender (al paciente)

cavidad ≠ *cavity* (tooth)

- cavidad = *hole* (indentation)
- *cavity* (tooth) = caries (f., pl.)

embarazada ≠ *embarrased*

- embarazada = *pregnant*
- *embarrased* = avergonzado/a

injuriar ≠ *to injure*

- injuriar = to *slander*
- *to injure* = herir

sano ≠ *sane*

- sano = *healthy, fit*
- *sane* = cuerdo

Práctica

A. Complete las oraciones con la información entre paréntesis.

1. Necesito ir a la _____ (*pharmacy*) para comprar vitaminas antes de mi viaje a Perú.

2. Las personas que _____ (*have a heart condition*) y piensan viajar a lugares mu elevados, necesitan tomar precauciones para evitar cualquier complicación en su salud.

3. Si te enfermas en Lima, puedes confiar en los médicos de la ciudad aunque es muy común que receten la medicina en forma de _____ (*injections*).

4. Antes de salir para La Paz hice una _____ (*appointment*) con el médico para un chequeo general.

5. Mi novio Roberto no puede ir conmigo a La Paz porque tuvo un accidente automovilístico ayer y fue levemente _____ (*injured*).

6. Todos los miembros de mi familia comen de manera muy _____ (*healthy*).

7. Ana fue al dentista mientras estaba en Quito porque le salía más barato arreglarse las _____ (*cavities*) allá que en los Estados Unidos.

8. La agencia de viajes nos dio información sobre una _____ (*insurance policy*) que podríamos comprar para nuestro viaje a Bolivia.

9. La familia con quien me quedé tiene un _____ (*doctor's office*) en la planta baja de su casa, donde trabaja el padre, que es médico.

10. El médico me dio una _____ (*prescription*) para antibióticos.

B. Traduzca las siguientes oraciones al español.

1. *My friend decided not to visit Cuzco after all, because the high elevation might aggravate his heart condition.*

   _____

   _____

2. *My grandmother was in a lot of agony because of her arthritis, but she said that my visit made her feel better.*

   _____

   _____

3. *I feel healthier in Lima because I walk a lot more there than I do when I'm at home.*

_____

_____

4. *Our professor said that lack of sleep during our trip could weaken our immune system.*

_____

_____

5. *To my surprise, the doctor said I was pregnant.*

_____

_____

6. *Some of the patients in the waiting room at the doctor's office did not seem sane.*

_____

_____

7. *I was embarrassed to tell my doctor that I hadn't been taking my medication.*

_____

_____

8. *The nurse that took care of me in the hospital gave me three injections a day.*

_____

_____

9. *My friend Sara came down with appendicitis while in Sucre, but fortunately her insurance policy covered the surgery.*

_____

_____

10. *My friend is a doctor, and I attended a charity event with her at the hospital where she works.*

_____

_____

❖ Para terminar

Escriba un párrafo sobre tres temas relacionados con las tradiciones literarias, mitos y leyendas que Ud no sabía antes de leer este capítulo, pero que ahora sí sabe.

_____

_____

_____

_____

_____

_____

_____

_____

_____

_____

Capítulo 6

Vocabulario

A. Empareje las siguientes palabras con sus respectivos antónimos.

_____ 1. jocoso

_____ 2. derrota

_____ 3. derrocar

_____ 4. alejarse

_____ 5. reanudar

_____ 6. conferir

_____ 7. estafador

_____ 8. truncar

_____ 9. instalarse

_____ 10. codiciar

a. mudarse
b. privar
c. serio
d. facilitar
e. victoria
f. renunciar
g. parar
h. acercarse
i. reinstituir
j. persona honrada

B. Trace un círculo alrededor de la letra que corresponda a la palabra que mejor complete la oración.

1. El teatro prehispánico _____ con la llegada de los españoles.
   a. se truncó   b. mejoró   c. creció

2. En el teatro del juego _____ leyes distintas a las del teatro tradicional.
   a. no existían   b. regían   c. no surgieron

3. El presidente del país fue _____ de su puesto y exiliado a Europa.
   a. albergado   b. derrocado   c. condecorado

4. Las obras de carácter clásico del joven pintor _____ las formas contemporáneas de arte.
   a. se alejan de   b. se arraigan en   c. se les acercan a

5. Según Karl Marx, el señor vestido de etiqueta, disfrutándose de la ópera desde el palco del teatro, era un _____ .
   a. mesero   b. chofer   c. burgués

(Continúa.)

6. La segunda generación de dramaturgos románticos chilenos se enfocó en la sociedad en que vivía y era más observadora, _____ y crítica.
   a. cortés
   b. antagónica
   c. violenta

7. En el arte latinoamericano se mezclaron el _____ europeo y las influencias indígenas.
   a. patrimonio
   b. amor
   c. dinero

8. La pintura primaveral del nuevo artista de la ciudad _____ los colores verdes, amarillos y anaranjados.
   a. lucía
   b. no tenía
   c. carecía de

9. La pintura se vendió a un precio _____ que sólo los ricos podían pagar.
   a. justo
   b. muy bajo
   c. inaudito

10. Los precios de las obras de arte se ajustan _____ la crisis económica.
    a. antes de
    b. en contra de
    c. conforme a

C. Escriba el sinónimo de la palabra subrayada en la línea en blanco. Use las palabras o frases a continuación y modifíquelas según sea necesario.

| albergar | conferir | didáctico/a | instalarse | retratar |
| codiciado/a | la derrota | el estafador | jocoso/a | señorial |

1. _____ Los sainetes son obras teatrales muy chistosas.

2. _____ El teatro pedagógico se propone enseñar a la audiencia acerca de los valores sociales.

3. _____ El fracaso del partido en el poder creó muchos problemas en el país.

4. _____ La familia burguesa se asentó en Montevideo.

5. _____ El pintor reproduce fielmente a los personajes de su pueblo.

6. _____ El nuevo profesor tiene un porte (look) muy distinguido.

7. _____ La iglesia del pueblo aloja arte colonial impresionante.

8. _____ El comité le concedió a la pintora una beca para estudiar pintura en Buenos Aires.

9. _____ Hay muchos tramposos que venden copias de obras de arte y las venden como si fueran originales.

10. _____ El arte prehispánico es muy deseado entre los coleccionistas.

Ortografía

Las letras ll y y

. Corrija la palabra subrayada cuando sea necesario y escriba la forma correcta en la línea en blanco.

1. _____ Los <u>cabayos</u> de Paso Fino participan en competencias hípicas (*equestrian*).

2. _____ El teatro a veces se ha usado como <u>taller</u> para educar a la gente.

3. _____ <u>Ya</u> nos trajeron los boletos.

4. _____ El drama me produjo un <u>yanto</u> incontrolable.

5. _____ Aunque no <u>halla</u> boletos, voy a ir al teatro porque estoy en la lista

   de espera.

6. _____ El Teatro Colón de Buenos Aires por fin abrió <u>aller</u>.

7. _____ Siempre me <u>llaman</u> cuando estoy muy ocupada.

8. _____ No me gustó el escenario pintado de <u>amariyo</u>.

9. _____ En las pinturas del nuevo artista el <u>rei</u> y la reina siempre parecen felices.

10. _____ Me asustó el <u>aullido</u> de los perros.

. Llene los espacios en blanco con la ll o la y.

En mi pueblo nunca se desarro_____ó[1] un teatro local. Todos los años recibíamos un teatro rodante

(*traveling*) que venía de la capital, tipo ta_____er[2] didáctico, al que asistíamos con mucho entusiasmo.

A_____í[3] veíamos pa_____asos[4] pintados de colores bri_____antes,[5] que a menos que _____oviera,[6]

mantenían la pintura hasta el final de la función. Durante el desarro_____o[7] de la presentación,

e_____os[8] nos daban lecciones sobre nutrición y salud pública y explicaban con muchos

deta_____es[9] la necesidad de que la gente no tuviera ciertas plantas dentro de la casa. Como

asistía tanto público, a veces a los más chiqui_____os[10] nos atrope_____aban[11] y nuestros padres

nos protegían hasta que conclu_____era[12] la función. Los a_____udantes[13] del gran espectáculo

eran las personas del pueblo que todos los años construían un escenario.

_____egó[14] el día en que decidieron construir uno permanente. Constru_____eron[15] una tarima

(*platform*) preciosa que se usó durante muchos años hasta que se la _____evó[16] un huracán. El

teatro rodante se mudó al cine local. Como era un lugar cerrado, el bu_____icio (*noise*) y los

murmu_____os[17] de la gente no dejaban que entendiéramos bien lo que se decía. Esta época

conclu_____ó[18] hace unos años. Ahora el teatro rodante, aunque _____a[19] no se usa tanto para

educar al pueblo, es más interesante que antes porque presenta comedias y zarzuelas españolas

que gustan mucho. Vi una hace unos dos años y de nuevo _____ovió,[20] pero esta vez la gente

abrió sus sombri_____as[21] (*parasols*) y paraguas y se quedó sentada en las si_____as[22] que ahora

proporciona el a_____untamiento[23] para la comodidad del público.

Gramática

El futuro de indicativo

A. Dé la forma apropiada de los verbos entre paréntesis en el futuro de indicativo.

1. El museo de la ciudad _____ (exhibir) obras de Monet.

2. Mi amigo Carlos _____ (asistir) a un concierto de la orquesta sinfónica el próximo sábado.

3. La universidad _____ (establecer) un nuevo programa de teatro.

4. El arte del futuro _____ (reflejar) los problemas sociales de la época.

5. Camila _____ (viajar) a Italia a estudiar arte.

6. La junta directiva _____ (tomar) todas las decisiones relativas al teatro.

7. El teatro latinoamericano _____ (ser) el mejor teatro del mundo.

8. El próximo verano la compañía de teatro moderno _____ (presentar) una obra realista.

9. Juan no _____ (gastar) mucho dinero en las entradas de teatro.

10. El dramaturgo famoso _____ (escribir) obras sobre algunos de los problema sociales de la actualidad.

B. Responda a la pregunta según su punto de vista. Use el futuro de indicativo para expresar probabilidad en el presente.

MODELO: ¿Cuánto cuesta el boleto de ida y vuelta a Santiago desde Los Ángeles? →
El boleto de ida y vuelta a Santiago desde Los Ángeles costará 1.000 dólares.

1. ¿Cuánto cuesta la entrada al museo?

_____

2. ¿Cuándo se abre el museo?

_____

3. ¿Cuándo se cierra el museo?

_____

4. ¿Cuánto tiempo dura la obra de teatro?

_____

5. ¿Cuántos años tiene el protagonista de la obra de teatro?

_____

El condicional de indicativo

A. Dé la forma apropiada de los verbos entre paréntesis en el condicional de indicativo.

1. Si fuera yo, _____ (comprar) entradas para el concierto hoy.

2. Ella _____ (hacer) la cena para la fiesta, pero está muy ocupada.

3. Si tuvieran dinero, mis padres _____ (estar) en Chile de vacaciones.

4. Mi madre me dijo que me _____ (llevar) a la ópera, pero no lo hizo.

5. El público no _____ (quejarse) si las obras fueran buenas.

6. Ayer nos avisaron que los actores _____ (estar) de huelga a partir de

    mañana.

7. ¿Qué te _____ (poner) si te invitaran a la ópera?

8. Creía que ellos no _____ (querer) vestirse de payasos para la fiesta.

9. El director nos dijo que las entradas _____ (costar) más en la taquilla que

    en Internet.

10. Estaba seguro de que toda esa gente _____ (caber) en el teatro.

B. Los siguientes acontecimientos ocurrieron en el pasado. Dé una posible razón sobre por qué pasaron.

MODELO: Mi amiga no fue a la cena anoche. → Estaría cansada.

1. Mi madre no me llamó anoche.

    _____

2. Mi hermano no me recogió en el aeropuerto anoche aunque sabía que iba a llegar a las 10:00

    de la noche.

    _____

3. Mi padre no jugó al golf el fin de semana pasado.

    _____

4. Mi hermana suele preparar tortas, pero trajo a la fiesta una torta del supermercado.

    _____

5. Ascendieron a mi amiga en la empresa en la que trabaja.

    _____

Nuestro idioma

Palabras en español de origen guaraní

A. Escriba la letra que corresponda a la palabra de origen guaraní que se define.

1. _____ lobo colorado sudamericano de población escasa
    a. el carpincho   b. el chipá   c. el gurí   d. el aguará guazú

2. _____ ternero nonato (*unborn calf*) que se extrae del vientre de la madre al matarla
    a. el vacaray   b. el ñandú   c. el tucán   d. el ombú

3. _____ fruta tropical grande, amarillenta (*yellowish*), carnosa y muy fragante
    a. la mandioca   b. el ananá   c. el jaguar   d. la tacuara

4. _____ planta trepadora (*climbing*) tropical apreciada por su fruta y sus flores; su fruta tiende
    tener una cáscara (*shell*) gruesa, sea oval o redonda, y la pulpa contiene numerosas semillas
    pequeñas
    a. la petunia   b. la maraca   c. el maracuyá   d. la tapera

5. _____ pequeña hierba medicinal cuya raíz sirve de emético (algo que produce vómito) muy
    efectivo
    a. el tiburón   b. la piraña   c. el yacaré   d. la ipecacuana

B. Escriba la palabra apropiada en el espacio en blanco según el contexto de cada oración. ¡OJO! No
    se repiten las palabras.

carpincho   jaguar   ombú
che   maracas   tacuara
gurises   ñandúes   tucanes

1. Maritere es percusionista en una orquesta; toca el güiro, la marimba, y también las

    _____.

2. Al caminar por los bosques lluviosos de Costa Rica, se puede ver en los árboles varios especies

    de _____, aves con plumaje de colores llamativos y picos enormes.

3. ¡_____, mira cuánto cuestan estos zapatos! ¿Quién los compraría a ese precio?

4. El avestruz africano no es la única ave grande que corre y no vuela. En las espaciosas plani-

    cies (*plains*) de Sudamérica hay _____, que tienen menor tamaño que los

    avestruces pero todavía pueden alcanzar 1,40 metros de altura.

5. Cuando pasaba por la aldea, vi a unos _____ bailando delante de la farmacia

❖ C. Escriba tres palabras asociadas con cada una de las siguientes palabras de origen guaraní.

    MODELO: la piraña → pez, dientes, carnívoro

1. el tiburón _____

2. el tucán _____

3. el yacaré _____

4. la petunia _____

. Busque las definiciones de tres de las palabras de origen guaraní que siguen. Luego escriba las definiciones en sus propias palabras en los espacios en blanco.

el carpincho	el gurí	la tacuara
el chipá	el ombú	la tapera

1. _____

   _____

2. _____

   _____

3. _____

   _____

Escritura

La argumentación

magínese que el gobierno municipal de su ciudad quiere demoler el antiguo teatro del pueblo para construir un estadio para jugar béisbol. Ud. cree que si se invirtiera en la restauración del teatro, la ciudad tendría un lugar para presentar obras de teatro y hacer múltiples actividades culturales. También, tendría un edificio histórico para las generaciones futuras que sería parte de la herencia cultural de la ciudad.

Repase **La argumentación** en la sección **Escritura** del **Capítulo 6** del libro de texto. Luego en hoja aparte, escriba un ensayo argumentativo de por lo menos 150 palabras que expresa su opinión sobre el tema. Defienda su tesis con puntos de apoyo fuertes.

Así se dice

... en los deportes

nglés	español estándar	formas no estándar
ield	el campo	el fil
o train	entrenar	trainiar

Cognados

el agente	*agent*
el comentario	*commentary*
el contrato	*contract*
el ejercicio	*exercise*
el físico	*physique*
el gimnasio	*gym*
el maratón	*marathon*

Cognados falsos

el fútbol ≠ *football* (EE.UU.)

- el fútbol = *soccer* (EE.UU.)
- *football* (EE.UU.) = el fútbol americano

Préstamos

el básquetbol	*basketball*
el béisbol	*baseball*
el gol (*fútbol*)	*goal*
el jonrón (*béisbol*)	*home run*
el mánager	*manager*
el penalti	*penalty*
el rugby	*rugby*

Práctica

A. Complete las oraciones con la información dada entre paréntesis.

1. El futbolista mexicano firmó un _____ (*contract*) de varios millones para jugar por tres años.

2. El mánager del equipo de _____ (*rugby*) decidió no volver para la próxima temporada.

3. Durante la entrevista el jugador de béisbol dijo que, aunque parezca mentira, no se fija en su _____ (*physique*).

4. El equipo de _____ (*football*) entrena seis horas al día.

5. Después de la estación de las lluvias, el _____ (*field*) de fútbol estaba tan mojado que se canceló el partido.

6. Los jugadores de básquetbol fueron al _____ (*gym*) para levantar pesas.

7. El futbolista recibió un _____ (*penalty*) por su mal comportamiento.

8. Todos los aficionados en el estadio se pusieron muy contentos cuando Sammy Sosa pegó un _____ (*home run*).

9. Todos los atletas _____ (*trained*) juntos varios días antes de los partidos oficiales.

10. El _____ (*soccer*) no es tan popular en los Estados Unidos como en Europa o en Latinoamérica.

B. Traduzca las siguientes oraciones al español.

1. *Regular exercise is good for the mind and body.*

_____

_____

2. *The sportscaster's commentary on the basketball game led me to believe that he wasn't very experienced at his job.*

_____

_____

3. *Running the length of a football field is tiring.*

_____

_____

4. *The manager of the baseball team, along with a few key players, attended the press conference after the game.*

_____

_____

5. *The baseball agent was very happy about signing the young player.*

_____

_____

6. *The basketball players trained intensively last summer, and their efforts paid off, as they ended up winning the championship.*

_____

_____

7. *My cousins from Chile have tried to play traditional American sports like football, basketball, and baseball, but they prefer playing soccer.*

_____

_____

8. *I never thought I'd be fit enough to run a marathon, but all of my hard work and training have paid off..*

_____

_____

9. *All of the Real Madrid fans cheered when Cristiano Ronaldo scored his first goal for the team.*

_____

_____

10. *My brother is a big soccer fan.*

_____

_____

❖ Para terminar

Escriba un párrafo sobre tres temas relacionados con las artes en Argentina, Chile, Paraguay y Uruguay que Ud. no sabía antes de leer este capítulo, pero que ahora sí sabe.

_____

_____

_____

_____

_____

_____

_____

_____

_____

_____

CAPÍTULO 1

Vocabulario

1. c 2. a 3. j 4. g 5. h 6. b 7. e 8. d 9. f 10. i **B.** 1. c 2. a 3. b 4. a 5. b
b 7. a 8. c 9. b 10. c **C.** 1. aportes 2. renombre 3. manifiesta 4. deleite 5. espectáculos
la cadencia 7. el cimiento 8. llevar a cabo 9. propicia 10. engloba

Ortografía

División de palabras en sílabas y reglas de acentuación 1. mú-si-ca, esdrújula 2. co-re-o-gra-fí-a,
ana 3. o-pe-ra-dor, aguda 4. dan-zan-te, llana 5. per-cu-sión, aguda 6. es-pec-tá-cu-los, esdrújula
. rit-mo, llana 8. rá-pi-do, esdrújula 9. ves-tua-rio, llana 10. pa-re-jas, llana 11. so-ni-dos, llana
2. au-dio-vi-sual, aguda 13. vi-sua-li-za-ción, aguda 14. a-rre-glo, llana 15. di-rec-cio-nes, llana
6. po-pu-la-res, llana 17. rít-mi-co, esdrújula 18. mi-cró-fo-no, esdrújula 19. ba-te-rí-a, llana
0. vio-lon-ce-lo, llana **Diptongos, triptongos e hiatos** 1. con-cier-to, diptongo 2. ac-tú-e, hiato
. guí-a, hiato 4. cam-biáis, triptongo 5. am-bien-te, diptongo 6. com-pa-ñí-a, hiato 7. bai-la-ble,
diptongo 8. a-ve-ri-güéis, triptongo 9. ciudad, diptongo 10. le-í-do, hiato **Monosílabos** 1. mí
(pronombre personal); mi (adjetivo posesivo) 2. dé (verbo **dar** conjugado en la 1ª persona del presente
de subjuntivo); de (preposición) 3. Te (pronombre de complemento indirecto); té (sustantivo) 4. sé
(del verbo **saber** conjugado en la 1ª persona del presente de indicativo) se (pronombre de complemento
indirecto) 5. tú (pronombre de sujeto) tu (adjetivo posesivo) 6. el (artículo definido masculino);
él (pronombre de sujeto) 7. aún (*still*, adverbio) 8. Si (*if*, conjunción); sí (*yes*, adverbio) 9. que
(*who*, pronombre relativo); qué (*what*, adjetivo) 10. más (*more*, adverbio); mas (*but*, conjunción)
Repaso El sábado pasado, después de la estupenda fiesta de los recién casados, Rubén López y
Estela Suárez, los amigos y algunos miembros de la familia decidieron continuar la celebración en la
discoteca caribeña llamada Un rincón en el cielo. Todos cantaron y bailaron merengue y salsa. Jóvenes
y viejos estuvieron despiertos hasta las 8:00 de la mañana. El hermano de la novia, que había venido
desde Asunción, Paraguay, agradeció a todo el mundo por asistir a la boda y anunció su próximo
matrimonio con su novia. Todos aplaudieron y se fueron de la fiesta en espera de la próxima boda.

Gramática

La oración 1. sujeto: El bolero; predicado: es un ritmo con marcado acento sentimental y romántico.
2. sujeto: El compás de la salsa; predicado: se reconoce fácilmente por los movimientos corporales
rápidos. 3. sujeto: Algunos de los instrumentos musicales de percusión; predicado: son el tambor, la
conga y el timbal. 4. sujeto: La plena, en sus orígenes,; predicado: funcionaba como un periódico de
barrio. 5. sujeto: el género la Nueva Trova; predicado: En 1970 surge 6. sujeto: La población hispana
de los Estados Unidos; predicado: les asegura a los artistas latinoamericanos la expansión de su mercado
más allá de sus naciones. 7. sujeto: Juan Luis Guerra; predicado: nació y se crió en la República
Dominicana. 8. sujeto: Las ventas de álbumes de la música latina en los Estados Unidos; predicado:
han aumentado mucho en los últimos diez años. 9. sujeto: La música de Selena; predicado: se convirtió
en un fenómeno de ventas en los Estados Unidos. 10. sujeto: El álbum *Supernatural* de Santana;
predicado: llegó a ser el más escuchado en el año 2000.

Nuestro idioma

A. 1. b 2. c 3. a 4. d 5. d **B.** 1. carey 2. huracán 3. piraguas 4. batata 5. coquí

Así se dice

A. 1. cartas 2. funcionando 3. almuerzo 4. carpeta 5. aviso 6. puesto 7. solicitud 8. advertencia 9. presentó 10. pedir (hacer un pedido de) **B.** (Respuestas posibles) 1. La secretaria recibió seis solicitudes para el nuevo puesto. 2. Se rechazaron dos de las solicitudes porque los candidatos no incluyeron una carta formal. 3. Mi amiga se postuló para un puesto en el departamento de marketing de una compañía de Internet. 4. Los asistentes prefieren almorzar temprano. 5. Marta hizo clic en un enlace a un artículo sobre su empresa. 6. La gente de limpieza de mi oficina pasa la aspiradora todas las noches. 7. Los empleados con antigüedad reciben mejores beneficios. 8. La gerente pasó tres horas devolviendo llamadas a sus clientes. 9. La secretaria pidió una computadora nueva para cada uno de los nuevos empleados. 10. El nuevo director de tecnología y sistemas de información prometió que habría acceso al Internet por toda la oficina, incluida la cocina.

CAPÍTULO 2

Vocabulario

A. 1. h 2. d 3. i 4. a 5. f 6. j 7. e 8. g 9. c 10. b **B.** 1. c 2. c 3. c 4. a 5. b 6. b 7. a 8. a 9. a 10. c **C.** 1. abarca 2. auge 3. foráneas 4. involucradas 5. soberbia 6. elogios 7. El declive 8. respaldo 9. ausencia 10. bélica

Ortografía

A. 1. hacían 2. humoristas 3. historia 4. hechos 5. error 6. Hay 7. Hace 8. han 9. hielo 10. hallan **B.** 1. h 2. h 3. X 4. h 5. h 6. h 7. h 8. X 9. X 10. h

Gramática

El pretérito 1. dirigió 2. empleó 3. contó 4. creó 5. presentó 6. utilizó 7. concibió 8. resultó 9. horrorizó 10. ganó **El imperfecto** 1. era 2. perdía 3. Decía 4. comparaba 5. acompañaba 6. disfrutaban 7. prefería 8. gustaba 9. Veían 10. presentaban **El pretérito y el imperfecto** **A.** 1. había 2. presentaban 3. fui 4. Nos reímos 5. terminamos 6. caminaba 7. compré 8. tenía 9. comí 10. Me enfermé 11. pude **B.** 1. vivía 2. pasábamos 3. visitábamos 4. íbamos 5. íbamos de excursión (hacíamos excursiones a pie) 6. caminábamos 7. comíamos 8. teníamos 9. me encantaba 10. suspendieron 11. me quedé 12. decidí 13. planeamos (planificamos, pensamos) 14. era 15. dije (conté) 16. iba 17. fue 18. celebraban 19. decidimos 20. Vimos 21. nos colamos 22. se sintió 23. dijo 24. se iba 25. conocimos 26. Fue 27. estaba 28. Estaba 29. se temía 30. optamos 31. vimos 32. logramos (conseguimos) 33. descubrimos

Nuestro idioma

A. 1. c 2. a 3. d 4. b 5. a **B.** 1. chicle 2. papalotes 3. chamacos 4. tocayos 5. cacahuates

Así se dice

A. 1. asistencia 2. filosofía 3. facultad 4. notas (calificaciones) 5. geografía 6. corrige 7. ir a la universidad para estudios de posgrado / hacer la maestría / hacer el doctorado 8. profesorado 9. librería 10. lecturas **B.** (Respuestas posibles) 1. Mi primo va a postularse para la universidad el año que viene. 2. La facultad de arte invitó a un artista famoso para dar una conferencia sobre el arte moderno. 3. Mi clase de física fue mi clase más difícil el semestre pasado. 4. Mi madre siempre dice que los mejores años de su vida eran los de la universidad. 5. La mayoría de los profesores de antropología asistirá a la inauguración de la nueva biblioteca. 6. Tengo que sacar buenas notas para que me acepte una buena facultad de derecho. 7. La biblioteca está situada al lado del edificio de historia. 8. Asistí a un concierto anoche patrocinado por la facultad de música. 9. Puedes encontrar todos los libros de texto requeridos en la librería de la universidad. 10. La facultad de literatura comparativa ha establecido una política de asistencia muy estricta.

CAPÍTULO 3

Vocabulario

1. c 2. j 3. e 4. b 5. d 6. a 7. i 8. g 9. f 10. h **B.** 1. c 2. c 3. b 4. b 5. a
a 7. c 8. c 9. c 10. a **C.** 1. apoderarse 2. remedios 3. afiches 4. brebajes 5. proveen
6. las romerías 7. teñido 8. danzantes 9. carretas 10. se confeccionan

Ortografía

1. tarjetas 2. gente 3. peregrinajes 4. origen 5. religiosa 6. garajes 7. cónyuges 8. jengibre
tejidos 10. personaje **B.** 1. condujimos 2. distrajimos 3. paisajes 4. gorjeos 5. pajaritos
regalarles 7. dijeron 8. extranjeros 9. juguetes 10. Magos 11. arrojaron 12. luego 13. bajaron
entregarles 15. equipaje 16. alojaron 17. festejaron 18. gesto 19. agenda 20. viaje

Gramática

1. desordenada 2. aseada 3. decorada 4. sorprendido 5. hecho 6. construida 7. emocionado
preparados 9. desorganizada 10. emocionadas **B.** 1. arreglado 2. cansada 3. adornada
impresionados 5. hechos 6. construida 7. abiertas 8. convencida

Nuestro idioma

1. a 2. c 3. b 4. b 5. d **B.** 1. oxígeno 2. anarquía 3. gimnasio 4. geografía 5. nostalgia

Así se dice

1. costó 2. mercado 3. dólar 4. el supermercado (la tienda de comestibles) 5. gangas 6. talla
pagar en efectivo 8. centro comercial 9. monedas de un centavo 10. refrescos **B.** (Respuestas)
Te recojo a las ocho de la mañana para que lleguemos temprano al centro comercial. 2. A mi abuela
e encanta ir de compras cuando está en Guatemala. 3. No me gusta ir de compras en la vecindad
(el vecindario/barrio) de mi primo/a porque hay muchas pandillas allí. 4. Me gusta hacer la compra
(las compras) en supermercados que también tienen farmacia para poder ahorrar tiempo. 5. Hay
muchos centros comerciales muy buenos cerca de mi casa. 6. No me gusta ir de compras con mi
madre porque pasa demasiado tiempo buscando gangas. 7. Mi amigo Luis prefiere hacer la compra
(las compras) en el mercado de su barrio porque venden muchos productos orgánicos. 8. Me sorprendió
o bruto (grosero) que era el cajero cuando pagué por mi fruta con monedas de veinticinco centavos.
Tuve que pagar por todos mis libros en efectivo este semestre porque mi tarjeta de crédito no había
llegado. 10. En el supermercado (la tienda de comestibles), los refrescos estaban de oferta.

CAPÍTULO 4

Vocabulario

A. 1. c 2. f 3. i 4. a 5. h 6. j 7. d 8. g 9. b 10. e **B.** 1. b 2. b 3. c 4. a 5. a
6. c 7. b 8. c 9. c 10. a **C.** 1. murallas 2. placentero 3. chozas 4. cazaban 5. las mesetas
6. hospitalarios 7. apacible 8. arrecifes 9. cuenta con 10. cataratas

Ortografía

A. 1. excursión 2. hicieron 3. organización 4. ocasión 5. conclusión 6. establecieron 7. conexión
8. veces 9. sienes 10. cocer **B.** 1. celosa 2. tercera 3. vez 4. vacaciones 5. ofrecieron
6. aceptar 7. invitación 8. excursión 9. interesante 10. través 11. países 12. cruzar 13. hermosas
14. hacer 15. excursiones 16. nacionales 17. apetecía 18. carecer 19. vacaciones 20. Insistí

Gramática

A. 1. se había despertado 2. han ido 3. se haya muerto 4. habría oído 5. habrá terminado 6. hubiera ganado 7. había devuelto 8. hemos hecho 9. se hayan destruido 10. haya publicado **B.** (Respuestas posibles) 1. ¿Has visto la película *Volver*? 2. Fuimos al parque ayer. ¡Nunca habíamos caminado tanto! 3. Para cuando llegues, ya habrán terminado la tarea. 4. Nuestro profesor se alegra de que tantos estudiantes hayan venido a la conferencia sobre Venezuela. 5. Cuando llegamos al hotel, ya se habían marchado. 6. Si hubiera sabido que tu hermana iba a venir para cenar, habría preparado más comida. 7. Para fin de año, mis padres ya habrán regresado de México. 8. Espero que hayas decidido pasar el verano en Costa Rica. 9. Mi abuela se alojó con su familia cuando fue a Venezuela. Si yo hubiera ido, me habría alojado en un hotel. 10. ¿Has viajado alguna vez a Colombia? 11. A los estudiantes les molestaba que su viaje a Caracas se hubiera cancelado. 12. Esperamos que mis primos hayan llegado de Bogotá sin ningún percance.

Nuestro idioma

A. 1. b 2. d 3. c 4. a 5. a **B.** 1. dardos 2. rapar 3. estribos 4. esgrimir 5. espuelas

Así se dice

A. 1. complejo turístico 2. revistas 3. hostales 4. facturar el equipaje 5. alojamiento 6. La cuenta 7. pasar tiempo 8. me divierto (lo paso bien) 9. tiene buenos recuerdos 10. notorio **B.** (Respuestas posibles) 1. Mis amigos y yo estamos planeando un viaje a Costa Rica, pero necesito obtener mi pasaporte primero. 2. Todos nosotros hemos decidido no facturar el equipaje para no tener que esperarlo cuando lleguemos. 3. El boleto de autobús a Medellín que compré fue muy barato. 4. Según nuestro guía turístico, el hostal donde nos vamos a alojar es muy agradable. 5. Todos nosotros decidimos quedarnos en un hotel económico en vez de en un balneario lujoso para ahorrar dinero. 6. A nuestro compañero de clase Raúl le pone nervioso tomar su primer viaje internacional y tomar el transporte público en San José. 7. Costa Rica es notorio por sus bellos parques nacionales y reservas biológicas. 8. Aunque mi madre es ciudadana de los Estados Unidos, cuando viaja fuera de los Estados Unidos, siempre se pone nerviosa cuando pasa por inmigración. 9. Algunos hoteles tienen la mala reputación de cobrar demasiado por el servicio de habitaciones y las llamadas telefónicas. 10. Después de nuestro último viaje a San José, hubo un problema con nuestra cuenta del hotel, pero nuestra compañía de tarjeta de crédito lo arregló inmediatamente.

CAPÍTULO 5

Vocabulario

A. 1. j 2. e 3. f 4. a 5. d 6. b 7. g 8. c 9. i 10. h **B.** 1. c 2. c 3. b 4. a 5. b 6. b 7. c 8. c 9. a 10. c **C.** 1. El llanto 2. avaricia 3. cacique 4. sogas 5. se arrojaron 6. ofrendas 7. cántaros 8. desafió 9. escasez 10. livianos

Ortografía

A. 1. bisabuelos 2. veces 3. íbamos 4. vienen 5. viejas 6. brujas 7. vuelvo 8. vuelo 9. voluntad 10. llevaban **B.** 1. vaqueros 2. Vicente 3. estaban 4. lluvia 5. regaba 6. había 7. llovido 8. vacas 9. ovejas 10. caballos 11. celebraban 12. alivio 13. privar 14. sabían 15. adversaria 16. veces 17. enojaban 18. cautivan 19. nieve 20. bruma 21. brisas 22. van 23. vienen 24. verano 25. invierno

Gramática

A. 1. Garcilaso de la Vega escribió el libro *Historia general del Perú*. 2. César Vallejo publicó el libro de poesía *Los heraldos negros*. 3. Según el mito de Inkari, los españoles ejecutaron el último inca. 4. Los cronistas escribieron las crónicas de la conquista. 5. Wakon capturó a Pacha Mama. 6. Un sapo llamado Kuartam comió a un shuar. 7. Las editoriales producen los libros. 8. La compañía

mazon vendió el archivo electrónico liviano Kindle.   **B.**   1. Se escribieron las historias durante la
poca colonial.   2. Se cometieron muchas injusticias en contra de los indígenas.   3. Se enterraron los
iembros del último inca en diferentes zonas de Perú.   4. Se desarrolló la leyenda El Dorado en las
ontañas de Colombia.   5. Se vendieron todos los libros de Mario Vargas Llosa.   6. Se quemaron los
arcos de Hernán Cortés.   7. Se inventó la imprenta en China en el siglo XI.   8. Se pueden ver las
yendas andinas en You Tube.

Nuestro idioma

1. d   2. b   3. c   4. a   5. d   **B.**   1. pampa   2. gaucho   3. quena   4. cóndor   5. charqui

Así se dice

1. farmacia   2. están enfermas del corazón   3. inyecciones   4. cita   5. herido   6. sana   7. caries
póliza de seguro   9. consultorio médico   10. una receta   **B.** (Respuestas posibles)   1. Mi amigo
ecidió no visitar Cuzco después de todo porque la altura podría agravar su enfermedad del corazón.
Mi abuela estaba agonizando del dolor del artritis, pero dijo que mi visita la hizo sentirse mejor.
Me siento más sano/a en Lima porque camino mucho más allá que cuando estoy en casa.   4. Nuestro
rofesor dijo que el no dormir durante nuestro viaje podría debilitar nuestro sistema inmunológico.
Para mi sorpresa, el médico dijo que estaba yo embarazada.   6. Algunos de los pacientes en la sala
e espera del consultorio médico no parecían cuerdos.   7. Me daba vergüenza decirle a mi médico
ue no había estado tomando mis medicamentos.   8. La enfermera que me atendió en el hospital
e puso tres inyecciones al día.   9. Mi amiga Sara tuvo un ataque de apendicitis mientras estaba en
ucre, pero afortunadamente su póliza de seguro le cubrió la cirugía.   10. Mi amiga es médica, y
sistí a una obra benéfica con ella en el hospital donde trabaja.

CAPÍTULO 6

Vocabulario

A.   1. c   2. e   3. i   4. h   5. g   6. b   7. j   8. d   9. a   10. f   **B.**   1. a   2. b   3. b   4. a   5. c
b   7. a   8. a   9. c   10. c   **C.**   1. jocosas   2. didáctico   3. La derrota   4. se instaló   5. retrata
señorial   7. alberga   8. confirió   9. estafadores   10. codiciado

Ortografía

A.   1. caballos   2. taller   3. Ya   4. llanto   5. haya   6. ayer   7. llaman   8. amarillo   9. rey
0. aullido   **B.**   1. desarrolló   2. taller   3. allí   4. payasos   5. brillantes   6. lloviera   7. desarrollo
. ellos   9. detalles   10. chiquillos   11. atropellaban   12. concluyera   13. ayudantes   14. Llegó
5. construyeron   16. llevó   17. bullicio   18. murmullos   19. concluyó   20. ya   21. llovió
22. sombrillas   23. sillas   24. ayuntamiento

Gramática

El futuro de indicativo   **A.**   1. exhibirá   2. asistirá   3. establecerá   4. reflejará   5. viajará   6. tomará
. será   8. presentará   9. gastará   10. escribirá   **B.** (Respuestas posibles)   1. La entrada al museo
costará diez dólares.   2. Se abrirá el museo a las 10:00 de la mañana.   3. Se cerrará el museo a las
:00 de la tarde.   4. La obra de teatro durará dos horas.   5. El protagonista tendrá 40 años.
El condicional de indicativo   **A.**   1. compraría   2. haría   3. estarían   4. llevaría   5. se quejaría
. estarían   7. pondrías   8. querrían   9. costarían   10. cabría   **B.** (Respuestas posibles)   1. Estaría
ocupada.   2. Se le olvidaría.   3. Estaría cansado.   4. Estaría cansada.   5. Estaría contenta.

Nuestro idioma

A.   1. d   2. a   3. b   4. c   5. d   **B.**   1. maracas   2. tucanes   3. che   4. ñandúes   5. gurises

Así se dice

A. 1. contrato 2. rugby 3. físico 4. fútbol americano 5. campo 6. gimnasio 7. penalti
8. jonrón 9. entrenaron 10. fútbol **B.** (Respuestas posibles) B. 1. El ejercicio regular es bueno
para la mente y el cuerpo. 2. El comentario del locutor de deportes sobre el partido de básquetbol
me hizo creer que no tenía mucha experiencia en su trabajo. 3. Correr la distancia del campo de
fútbol cansa. 4. El gerente del equipo de béisbol, junto con algunos jugadores principales, asistió a
la rueda de prensa después del partido. 5. El agente de béisbol estaba muy contento de firmar al
joven jugador. 6. Los jugadores de básquetbol entrenaron intensamente el verano pasado, y sus
esfuerzos valieron la pena ya que terminaron ganando el campeonato. 7. Mis primos de Chile han
intentado jugar deportes estadounidenses tradicionales como el fútbol americano, el básquetbol y el
béisbol, pero prefieren jugar al fútbol. 8. Nunca pensé que estaría en tan buena forma física para
correr un maratón, pero todo el trabajo duro y entrenamiento han valido la pena. 9. Todos los
fanáticos del Real Madrid aclamaron cuando Cristiano Ronaldo marcó su primer gol para el
equipo. 10. Mi hermano es un gran fanático del fútbol.

CAPÍTULO 7

Vocabulario

A. 1. e 2. f 3. g 4. c 5. h 6. i 7. j 8. a 9. d 10. b **B.** 1. a 2. c 3. c 4. a 5. b
6. c 7. a 8. c 9. c 10. a **C.** 1. el propósito 2. adquirido 3. torneos 4. los tribunales
5. el trayecto 6. a orillas 7. vestigios 8. atentado 9. compitieron 10. brindó

Ortografía

A. 1. bistec 2. Kenia 3. karate 4. kilómetros 5. paquetes 6. quedar 7. acciones 8. practicar
9. ecuestres 10. ecuatorianos **B.** 1. Olímpicos 2. celebran 3. cada 4. cuatro 5. aunque
6. espectáculo 7. proyección 8. procura 9. perfección 10. contribuyen 11. economía 12. equival
13. Kuwait 14. Qatar 15. Uzbekistán 16. Turquía 17. culturas 18. acogen 19. Acostumbrados
20. acrobacias 21. increíbles 22. clausura 23. Corea

Gramática

A. 1. escoja 2. reciba 3. desarrolle 4. sea 5. es 6. se convierta 7. te burles 8. reciba 9. vayan
10. estudie **B.** 1. haya 2. salga 3. vaya 4. traduzcamos 5. entiendan 6. hagan 7. lleguen
8. estudien 9. quite 10. ayuden **C.** 1. Nosotros pensamos ir a la conferencia sobre la historia de
España para que el profesor nos dé puntos extra. 2. Manolo piensa comprar el (un) boleto a Barcelona
a menos que (le) cueste más de 1.500 dólares. 3. La familia Ramos piensa recibir a dos estudiantes
de intercambio españoles antes de que su hija menor vaya a la universidad. 4. Los estudiantes van a
entregar el trabajo escrito antes de la fecha límite con tal de que la profesora les dé puntos extra.
5. Mis primos van a salir de viaje a las Islas Canarias tan pronto como les llegue el pasaporte. 6. Yo
siempre hago la tarea en cuanto llego a casa. 7. La profesora de historia siempre empieza la clase
con música flamenco con tal de que los estudiantes estén más animados. 8. Mi abuela se mudó de
España a México después de que mi abuelo murió. 9. Nosotros queremos estudiar español hasta que
podamos hablarlo perfectamente bien. 10. Después de que termine el concierto de guitarra española
todos pensamos irnos a bailar a la discoteca. **D.** 1. pague 2. incluye 3. sepa 4. esté 5. acepte
6. reciben 7. gaste 8. sea 9. albergan 10. sirva **E.** (Respuestas posibles) 1. Nuestro consejero
recomienda que viajemos en avión a Madrid y después que tomemos el tren a Barcelona. 2. Los
estudiantes que fueron a España el año pasado sugieren que todos compremos cámaras digitales.
3. El director del programa requiere que mantengamos un diario en español de nuestras actividades
diarias. 4. Después de que lleguemos a Barcelona tendremos que esperar en el aeropuerto hasta que
nuestros colegas de México lleguen. 5. Todos estamos muy contentos de que nuestros maestros de
español nos acompañen en el viaje. 6. Mi amiga Cecilia y yo vamos a visitar Bilbao cuando termine
el recorrido con el grupo con tal de que tengamos el dinero suficiente. 7. Es importante que todos
lleguemos a tiempo a todas las visitas programadas para que podamos visitar tantos lugares como sea

osible.   8. Yo sé que estaré contento cuando todos tengamos nuestros pasaportes, los boletos aéreos
las reservaciones de hotel.   9. Nuestra agente de viajes dice que tendremos suficiente tiempo para
sitar Marruecos a menos que pasemos demasiado tiempo en Granada y Sevilla.   10. No voy a
scoger a un compañero de cuarto hasta que conozca a todos los estudiantes que van de viaje.

uestro idioma

. 1. b 2. a 3. c 4. d 5. c **B.** 1. albañil 2. alberca 3. jaque mate 4. alhaja 5. alcalde

sí se dice

.. 1. limpiar el piso (trapear, pasar el trapo, fregar el suelo) 2. lavandería 3. alquilar 4. desperdicios
lesechos, basura) 5. alfombra 6. inquilino 7. jardín 8. me mudé 9. cuadras 10. garaje
. (Respuestas posibles)   1. Una de las cosas más difíciles de vivir en un apartamento pequeño en una
iudad grande es no tener jardín.   2. Me hicieron una mesa a la medida para la sala.   3. Tuvimos
na cena con invitados anoche y uno de los invitados rompió dos copas de vino y una taza de té.
. Si tú lavas los platos, yo limpio el piso.   5. Después de sacudir los muebles, tuve que pasar la
spiradora.   6. Mi hermana estaba muy contenta con la nueva alfombra que le instalaron en su casa.
. Mi hermano va a alquilar una casa a dos cuadras de mi apartamento.   8. Voy a ayudar a mi hermano
 mudarse este fin de semana, y me pidió que trajera una soga para asegurar los muebles en la parte
e atrás de su camión.   9. Tenemos que arreglar la pequeña gotera en el techo antes de que empiece
 tormenta.   10. Estaba muy enojado que los inquilinos dejaran la casa en tan mal estado.

CAPÍTULO 8

/ocabulario

.. 1. c 2. j 3. d 4. a 5. f 6. b 7. i 8. e 9. h 10. g **B.** 1. a 2. a 3. c 4. b 5. b
.. a 7. c 8. a 9. b 10. c **C.** 1. azotaron 2. dominio 3. el cultivo 4. arropa 5. braceros
.. betabel 7. alacena 8. becas 9. la docencia 10. montado

)rtografía

.. 1. nadie 2. Hablaste 3. Desde 4. tradujera 5. haya 6. Estábamos 7. hiciste 8. quepo
.. hay 10. hace **B.** 1. porque 2. Por qué 3. Qué 4. que 5. por qué 6. porqué 7. Qué
.. porque 9. que 10. qué

;ramática

.. 1. pusieran 2. dijeran 3. obligaran 4. prestara 5. empezara 6. visitaran 7. trabajaran
.. llegara 9. pudiéramos 10. creían **B.** 1. otorgara 2. tuviéramos 3. fuera 4. supieras
.. hablara 6. llevaran 7. nevara 8. comiera 9. cerrara 10. aprendieran **C.** (Respuestas posibles)
.. Nunca creí que el español que aprendí en casa me fuera a ser útil.   2. Mi profesora de ciencias
políticas sugirió que escribiera mi trabajo final sobre César Chávez.   3. Iba a abrir un restaurante
que servía comida guatemalteca con tal de que mis padres me dieran el dinero para el pago inicial.
. Cuando era niño mis padres querían que asistiera a la Universidad de Stanford para estudiar derecho.
. El profesor irlandés hablaba español como si fuera hispanohablante nativo.   6. La gente de la tienda
le comestibles hispanos me trataron como si fuera una persona muy importante.   7. Yo asistiría a más
cursos de español si no tuviera que completar dos cursos adicionales para mi especialidad, antropología.
. Me sorprendió que mis alumnos me dieran un regalo para mi cumpleaños.   9. Siempre quise tener
primos que vivieran en el extranjero para que pudiera visitarlos.   10. El año pasado mis padres me
mandaron dinero extra para que pudiera ir a México a visitar a mi abuela.

Nuestro idioma

A. 1. a 2. d 3. b 4. a 5. d **B.** 1. túnel 2. bol 3. bacón 4. parquear 5. pudin

Así se dice

A. 1. debate 2. postura 3. alcalde 4. oradora 5. presentarse como candidato a 6. dar algo a cambio 7. decepción 8. opinión pública 9. participan (están involucrados) 10. ha nombrado

B. (Respuestas posibles) 1. Sonia Sotomayor es la primera mujer hispana en la historia de los Estados Unidos que han nombrado al Tribunal Supremo. 2. El alcalde de la ciudad más grande de nuestro estado será el próximo gobernador. 3. He decidido presentarme como candidata a presidente del consejo estudiantil en las próximas elecciones. 4. Durante el debate, muchos de los candidatos hablaron de la importancia de dar algo a cambio a su comunidad. 5. De corta edad, mi madre me inculcó que votar es un deber cívico. 6. Es el mayor candidato para presentarse como candidato a alcalde. 7. La opinión pública del candidato ha cambiado dramáticamente. 8. Decidiré por quién votar una vez que tenga claro cuál es la postura de cada candidato respecto a la política extranjera. 9. Mi padre no estaba de acuerdo con muchas de las políticas de la última administración. 10. La alcaldesa estuvo muy involucrada en la recaudación de fondos para nuestra universidad.